课本里的历史典故 抒情

凯叔 著

湖南少年儿童出版社　小博集

·长沙·

©中南博集天卷文化传媒有限公司。本书版权受法律保护。未经权利人许可，任何人不得以任何方式使用本书包括正文、插图、封面、版式等任何部分内容，违者将受到法律制裁。

图书在版编目（CIP）数据

课本里的历史典故. 抒情/凯叔著. -- 长沙：湖南少年儿童出版社，2025.4 -- ISBN 978-7-5562-8205-0

Ⅰ. G634.303

中国国家版本馆CIP数据核字第202580DR71号

KEBEN LI DE LISHI DIANGU SHUQING

课本里的历史典故　抒情

凯叔　著

责任编辑：周　凌　李　炜	策划出品：李　炜　张苗苗
策划编辑：王　伟	特约编辑：张晓虹　刘星宇
营销支持：付　佳　杨　朔　苗秀花	封面设计：马睿君
版式排版：霍雨佳	

出 版 人：刘星保
出　　版：湖南少年儿童出版社
地　　址：湖南省长沙市晚报大道89号
邮　　编：410016
电　　话：0731-82196320
常年法律顾问：湖南崇民律师事务所　柳成柱律师
经　　销：新华书店
开　　本：700 mm×980 mm　1/16　　　印　刷：深圳市福圣印刷有限公司
字　　数：75千字　　　　　　　　　　　印　张：10.75
版　　次：2025年4月第1版　　　　　　　印　次：2025年4月第1次印刷
书　　号：ISBN 978-7-5562-8205-0　　　定　价：39.80元

若有质量问题，请致电质量监督电话：010-59096394　团购电话：010-59320018

目录

- **1** 寸草春晖
  谁言寸草心，报得三春晖

- **8** 莫逆之交
  相视而笑，莫逆于心，遂相与为友

- **15** 山阳邻笛
  怀旧空吟闻笛赋，到乡翻似烂柯人

- **25** 冰心玉壶
  洛阳亲友如相问，一片冰心在玉壶

- **34** 西窗剪烛
  何当共剪西窗烛，却话巴山夜雨时

- **41** 牛郎织女
  七夕今宵看碧霄，牵牛织女渡河桥

51 望夫石
徒使两地眼成穿而骨化石

59 破镜重圆
试问古来几曾见破镜能重圆

66 折柳
此夜曲中闻折柳,何人不起故园情

74 阳关三叠
劝君更尽一杯酒,西出阳关无故人

83 春风得意
春风得意马蹄疾,一日看尽长安花

91 望帝啼鹃
庄生晓梦迷蝴蝶,望帝春心托杜鹃

98 南冠楚囚
三年羁旅客,今日又南冠

106 黍离之悲
千岩老人以为有黍离之悲也

115 尼父叹逝川
逝者如斯夫，不舍昼夜

123 庄周梦蝶
庄生晓梦迷蝴蝶，望帝春心托杜鹃

131 烂柯人
怀旧空吟闻笛赋，到乡翻似烂柯人

139 持节冯唐
持节云中，何日遣冯唐

148 唱黄鸡
休将白发唱黄鸡

156 彭殇
固知一死生为虚诞，齐彭殇为妄作

寸草春晖

谁言寸草心,报得三春晖

典源

　　慈母手中线,游子身上衣。临行密密缝,意恐迟迟归。谁言寸草心,报得三春晖(huī)。

——《游子吟》

　　慈祥的母亲手持针线,为即将出门远行的孩子缝制新衣服。母亲格外仔细,一针一针,缝得极为细密,唯恐孩子太久不归家,在外面穿破了衣服。谁能大言不惭地说,儿女如小小青草般的那点孝心,可以报答慈母如春日暖阳般的恩惠呢?

用法

　　形容子女尽心尽孝,也难以报答父母的养育之恩。

课本里的历史典故

故事乐园

也许是在贞元十六年（公元800年），或者贞元十七年（公元801年），三次应试终于进士登科的孟郊赴洛阳应铨（quán）选。当时，绝大多数通过科举考试的人，并不能立刻得到官职。他们要么由皇帝任命，要么去吏部参加考核，通过之后才能获得职位。其中后者就是铨选。此时，孟郊已经到知天命的年岁了。

孟郊少时家贫，生性孤僻。四十出头，他才参加科举，结果两次惨痛落第。历经种种波折，难免有些心灰意冷。幸好他没有放弃，终于在贞元十二年（公元796年）进士登科！

只可惜，命运并没有垂青这位才华横溢的大诗人：孟郊通过了铨选，被授溧（lì）阳（古县名，治所在今江苏省溧阳市西北）尉。这是一个十分低微的官职，孟郊大失所望。

只是，孟郊不得不接受这次任命，他没有别的选择了。孟郊心里也清楚，若是能有个稳定的职位与居所，结束四处漂泊的日子,也能告慰母亲呀!于是,他收拾行装,将母亲接到了溧阳。

孟郊的母亲对他教导有方。儿子好不容易进士登科,又顺利走上仕途,尽管位卑官小,但这一切定然都让她欣慰不已。或许正是母亲难以克制的激动与欣慰,让孟郊深有感触,写下了传诵千古的母爱颂歌——《游子吟》:

慈母手中线,游子身上衣。
临行密密缝,意恐迟迟归。
谁言寸草心,报得三春晖。

母亲为孩子仔细缝制新衣,这样的场景,孟郊并不陌生。任溧阳尉之前,孟郊常年漂泊在外,居无定所。也许每一次孟郊归家,短暂停留,准备再次远行之前,孟郊的母亲都会细细清点他的衣服,而后捻(niǎn)线穿针,为他仔仔细细缝制几身新衣。她把对孟郊的担忧与牵挂缝进每一处针脚里。

其中,"寸草心"比喻子女的孝心,"三春"指春季的三个月,古人称农历正月为孟春,称二月为仲春,

称三月为季春。"三春晖"指春天的阳光。孟郊是在用春日暖阳比喻温暖博大的母爱和养育之恩。

他知道,若是没有母亲的精心抚育和谆(zhūn)谆教诲,自己很难走到今天。他也知道,自己无论怎样尽心竭力地孝顺母亲,奉养母亲,也难以报答母亲这么多年的辛劳与付出。和宽广无边又暖如春阳的母爱相比,自己的孝心微渺如小小青草,再怎么尽心竭力,也难以报答母爱的万分之一。

除了《游子吟》,孟郊还写过一首《游子》:

萱(xuān)草生堂阶,游子行天涯。
慈亲倚门望,不见萱草花。

古人认为萱草使人忘忧。家中的孩子出门远游或者去外地做官,短时间内回不了家,母亲总是记挂着,免不了担忧。为了让母亲不烦忧,孩子临行前,就会在母

亲住的庭院里种一些萱草。久而久之，人们便用"萱亲""萱堂"等词语指代母亲。

在孟郊的想象中，母亲日夜思念着漂泊在外的游子，不知道自己的孩子何时回来，时不时倚靠在庭院门边向外望，盼着，等着，丝毫没注意到开得绚烂的萱草花。儿行千里母担忧，哪怕庭院里种满了萱草，母亲也还是会担心的呀！

这两首短小精悍的诗，承载着重若千钧的情意。这份情意不是孟郊一人的体验与感触，而是世间千千万万游子共同的体验与感触。

母亲对孩子的关心无微不至。从孩子呱呱（gūgū）坠地开始，行走坐卧、衣食住行、前途未来……一点一滴，几乎都被母亲记在心上。为人子女，我们像千年前的孟郊一样，随时都能感受到这份温暖的母爱。因此，哪怕隔着千百年的时光，我们如今读这首诗，依旧会感同身受，与孟郊深深共鸣。

用典课堂

典故关键词

尽孝　孝心　亲情　母爱　养育之恩　伟大

用典例句

◆ 劬劳常想**三春**恨，思养其如**寸草**何。
　　　　　　　　　　——唐◎牟融《邵公母》

◆ 君亲恩大须营报，学取**三春寸草**微。
　　　　　　　　　　——宋◎苏舜钦《送子履》

◆ 微质已知烦雨露，**寸心**终欲**报春晖**。
　　　　　　　　　　——宋◎李纲《咏草》

◆ 手树丛萱侵雪色，心同**寸草报春晖**。
　　　　　　　　——元◎赵孟頫《赵子敬御史志养堂》

◆ 易摇千岁风前木，难报**春晖寸草**心。
　　　　　　　　　　——元◎杨维桢《萱寿堂词》

◆ 踟蹰，空寄书……要报**阳春寸草**无。
　　　　　　　　　　——明◎汤显祖《南柯记》

莫逆之交

相视而笑，莫逆于心，遂相与为友

典故档案

典源

子祀（sì）、子舆（yú）、子犁（lí）、子来四人相与语曰："孰（shú）能以无为首，以生为脊，以死为尻（kāo），孰知生死存亡之一体者，吾与之友矣。"四人相视而笑，莫逆于心，遂相与为友。

——《庄子·大宗师》

子祀、子舆、子犁、子来四个人交谈时，说："要是谁能将'无'当作头颅，将'生'当作脊梁，将'死'当作尾骨，谁就能知道生死存亡其实是一体的，我们就可以和这个人做朋友。"说完，四人你看我，我看你，为彼此心意相通、意见一致而开心地笑了起来，之后他们成了很好的朋友。

用法

指志趣相投、观念相合的好朋友。

抒情

故事乐园

庄子是战国时期的哲学家，经常思考"宇宙""自然""道""生死""有无"等深奥的问题。他特别擅长讲故事，常常用一些简单而深刻的故事清晰地讲出自己领悟的道理。关于生死存亡，庄子就借用了四个虚拟人物——子祀、子舆、子犁、子来——讲了一个有趣的故事。

有一次，子祀、子舆、子犁、子来聚在一起，讨论"生死""有无"这些问题。这些问题实在是太大、太深奥了，古往今来的圣人们几乎都讨论过。

他们四个你一言，我一语，越聊越投契（qì），都恨不得把自己全部的见解说出来。聊着聊着，不知道是谁总结了一句："要是谁能将'无'当作头颅，将'生'当作脊梁，将'死'当作尾骨，谁就能知道生死存亡其实是一体的，我们就可以和这个人做朋友。"

话音刚落，四人都短暂地怔了一下，你看看我，我看看你，都觉得这番话如同从自己心中掏出来的一样，

把自己想说的全都说出来了!

随即,他们不约而同地开怀大笑起来,为彼此心意相通、意见一致而喜,为彼此志趣相同、精神相契而乐。自然而然,他们四个成了很好的朋友。

没过多久,子舆生了病,子祀前去看望他。见到子舆驼背弯腰,身上的器官朝着天,下巴快缩到肚脐里去了,而肩膀呢,却比头顶还要高,子祀吓了一跳,心想:到底是什么病症,竟把子舆折磨得不成样子!

可是,子舆还像没事人一样怡然自得。子祀忍不住问:"你不嫌弃这副样子吗?"

子舆笑着说:"不厌恶呀!为什么要嫌弃这样自然形成的样子呢?如果自然天道把我的左手臂变成公鸡,我就让它来报时;如果把我的右手臂变成弹弓,我就用它来打鸟吃;如果把我的尾骨变成轮子,把我的神思变成骏马,那我就能驾驶它们到处游历了,哪里还需要别的马车呢！我得到这些，是天时所致；失去这些，也是顺其自然。顺着天时适应变化，自然不会产生快乐或者悲伤的情绪，也不会有难以解开的心结，这大约就是从束缚中解脱出来了吧。人力难胜天道，我又何必厌恶它呢？"

谁知没过多久，子来也病了。他每天气喘吁吁，好像快要死了。他的妻儿惊慌失措，围着他不停哭泣。子犁去看望子来，看见这个情景，立刻对子来的妻儿说："快让开！不要阻挡他顺应生死的规律！"

子来的妻儿非常不解，心中愤愤：朋友都要死了，还说什么生死规律，这样算什么朋友？

谁知，子犁靠着门，对子来说："伟大的造化呀！这次又会把你变成什么呢？送到哪里去呢？"

子来心有所感，躺在床上，说："父母的话，不管是什么，我都会听从；自然于人，便如同父母一般。如今天道让我死去，我若不死，则是蛮横。天道又有什么过错呢？我由天地所生，这自然是幸运的，那么，顺应天道而死，自然也是好事……"

庄子借他们四人的言语，说出自己的看法：顺应天道，是自然之理；生死存亡，从来就是一体，不必因此而快乐或悲痛，因为这些都不过是自然规律的一部分罢了。

如今，我们从这个故事里不仅了解到庄子顺应自然、生死一体的观念，还看到了四个志趣相投的好朋友。他们有共同的理想和价值观念。面对极端的病情和死亡时，他们的所思所想、所持所念，彼此无一丝相逆之处，这么投契的友情，怎能不为人向往呢？

用典课堂

典故关键词

友情　投契　志趣相投　观念相合　心意相通　精神相契

用典例句

- 善言无违，相视**莫逆**。情如断金，义若投石。
  　　　　　　　　——南朝梁◎萧衍《赠逸民诗》

- 贤哉吴季子，可称**莫逆心**。
  　　　　　　　　——唐◎罗隐《挂剑处》

- 初在洛阳，家贫，与乐安孙仁为**莫逆之交**。
  　　　　　　　　——宋◎李昉等《太平御览》

- 四十余年**心莫逆**，故人如我与君稀。
  　　　　　　　　——宋◎王安石《送耿天骘至渡口》

- 何须西望长安笑，谁是平生**莫逆交**。
  　　　　　　　　——宋◎贺铸《酬别道师许自然》

- 今朝把臂通谈笑，又何日再图倾倒。惟愿取**两情莫逆**，千秋共表。
  　　　　　　　　——明末清初◎陆世廉《西台记》

山阳邻笛

怀旧空吟闻笛赋,到乡翻似烂柯人

典源

秀乃自此役,作《思旧赋》云:"余与嵇康、吕安居止接近……逝将西迈,经其旧庐。于时日薄虞(yú)泉,寒冰凄(qī)然。邻人有吹笛者,发声寥(liáo)亮。追想曩(nǎng)昔游宴之好,感音而叹,故作赋曰……"

——《晋书·列传第十九》

嵇康和吕安因为不愿屈服于权势滔天的司马氏族,而惨遭杀害。向秀因此不得不接受朝廷的征召,到洛阳做官。一天,向秀经过嵇康、吕安二人在山阳(古县名,治所在今河南省焦作市东)的旧居,听到邻家传来悠扬嘹亮的笛声,想起往昔与他们一起游乐、畅饮的日子,不由得悲伤感叹,因此写下了《思旧赋》。

用法

表达对友人的思念和怀念。

课本里的历史典故

故事乐园

魏晋时期,名士嵇康十分厌恶黑暗的官场,一直拒绝司马氏族的征召。掌权的司马氏族权势滔天,经常迫害那些不愿意归附他们的名士。为了躲避他们的迫害,嵇康常年隐居不仕。每到夏天,嵇康常在院中的大柳树下打铁,以此谋生。

即便如此,司马氏族也没有放弃征召嵇康,还是派了钟会前去招揽。钟会出身名门,聪明机智,且擅长辩论。钟会来到嵇康的住处,可嵇康并没有好好招待他,照旧打铁,连看都没看钟会一眼。

钟会只好硬着头皮在那里等了好久,嵇康一直都没理他。钟会实在忍不了了,起身准备离开。这时,嵇康放下手中的工具,慢悠悠地问钟会:"你听到了什么话才来的?现在看见了什么才走的?"

嵇康心里明白钟会来找自己的目的,也希望钟会能明白自己归隐田园的决心,回去禀报给司马氏族那些人。

只是,钟会不是一个气量宏大的人。他觉得受到嵇康的冷遇如同受到奇耻大辱，生气地回了一句："听到了我听到的才来，现在看到了我看到的才走！"说完，钟会满心愤恨地转身离开了。

后来，吕安与他的兄长因故反目成仇，兄长恶人先告状，诬陷吕安不孝，殴（ōu）打母亲，吕安因此被冤入狱。清楚内情的嵇康也被牵连入狱。钟会趁机诋毁嵇康，说："以嵇康为首的这几个人，生活放荡，任性不羁，品德败坏，有伤教化。如果纵容他们这样下去，人们纷纷效仿，那还怎么治理国家呢？不如除掉嵇康和吕安，以儆（jǐng）效尤。"

司马昭对嵇康他们超越世俗、放浪形骸（hái）的生活作风也有所耳闻。与曹魏联姻的嵇康又一直拒绝征召，早就被司马氏族的人记恨上了。重重猜忌之下，司马昭很快就信了钟会的话，下令处死嵇康和吕安。哪怕三千太学生集体请愿，也没能让司马昭改变主意。

临刑前，嵇康面色平静地回头看了看太阳，估算了一下时间，又要了一张琴，气定神闲地弹奏起来，说："以前，袁孝尼跟着我学习《广陵散（sǎn）》，我不愿意教他。

《广陵散》从今往后就要失传了呀！"

嵇康和吕安去世后，向秀陷入巨大的痛苦之中。为了生存，他不得不违背心志，应征前往洛阳做官。途经山阳时，向秀望着嵇康的旧居如昨，不禁想起与嵇康、吕安宴饮游乐的美好日子，又想起嵇康被害前平静地回看日影，其后抚琴的样子，不由得生发出无限感怀。

忽然，向秀听到从邻家传来一阵阵悠扬嘹亮的笛声，恰好正逢落日，余晖在阵阵寒气之中掠过嵇康旧居的屋檐。向秀再也拦不住心中翻涌的思念与哀伤，长叹一声，作了一首《思旧赋》：

将命适于远京兮，遂旋反以北徂（cú）。济黄河以泛舟兮，经山阳之旧居。瞻旷野之萧条兮，息余驾乎城隅（yú）。践（jiàn）二子之遗迹兮，历穷巷之空庐。叹《黍（shǔ）离》之愍（mǐn）周兮，悲《麦秀》于殷墟（yīnxū）。惟追昔以怀今兮，心徘徊（páihuái）以踌躇（chóuchú）。栋宇在而弗毁兮，形神逝其焉如。昔李斯之受罪兮，叹黄犬而长吟。悼（dào）嵇生之永辞兮，顾日影而弹琴。托运遇于领会兮，寄

18

余命于寸阴。听鸣笛之慷慨（kāngkǎi）兮，妙声绝而复寻。伫驾言其将迈兮，遂援翰（hàn）以写心。

　　向秀思旧、念友的感怀并没有被时光冲淡，反而因不少文人共情而被留在诗文中，流传千古。唐朝诗人刘禹锡就曾在一首送给白居易的诗中用过这个典故。

　　宝历二年（公元826年），刘禹锡受召回洛阳，途经扬州，与白居易相逢，共同宴饮。说来也奇怪，同年同岁的两人明明同朝为官，名满天下，此前还曾写诗唱和，却一直没有见过面！

　　席上，两人交谈甚欢，一见如故，热情的刘禹锡一直为白居易倒酒。两人兴之所至，还一起拿着筷子，击打杯盘，吟诗唱歌。醉醉醒醒之间，白居易望着刘禹锡眼角眉梢的沧桑，不禁为他这么多年怀才不遇痛心不已，很快写下了《醉赠刘二十八使君》：

抒情

为我引杯添酒饮，与君把箸（zhù）击盘歌。

诗称国手徒为尔，命压人头不奈何。

举眼风光长寂寞，满朝官职独蹉跎。

亦知合被才名折，二十三年折太多。

刘禹锡在家族的同辈人中排行二十八，所以白居易亲切地称刘禹锡为"刘二十八"。在白居易看来，刘禹锡的文才堪称"国手"，奈何命中有太多波折，让他仕途不顺。那些不如刘禹锡的人加官进爵，风光无限，而刘禹锡却被贬至偏僻的地方，辗转各处，饱经沧桑，满腹才华不得施展。才高名显的刘禹锡本该青云直上，尽展抱负，却因被贬外放二十多年，失去了太多！

听到白居易如此直率地为自己鸣不平，刘禹锡想必十分感动。

当年，年富力强的刘禹锡追随王叔文和王伾（pī），积极参与朝政革新，希望为行至中年的唐王朝削（xuē）弱宦官和藩镇的势力，清理积弊。可惜，他们失败了。最终，王叔文被贬，隔年被赐死；王伾被贬，不久便病逝。

刘禹锡、柳宗元等八人被贬为偏远地区的司马，史称"二王八司马"。

被贬后，刘禹锡先后辗转于朗州（古州名，治所在今湖南省常德市）、连州（古州名，治所在今广东省连州市）、夔（kuí）州（古州名，治所在今重庆市奉节县东）、和州（古州名，治所在今安徽省和县）等地。

二十多年匆匆而过，到宝历二年，刘禹锡已经五十多岁了。曾与他一起奋斗的故友，有些已经离开了人世，有些和他一样，在偏远的地方苦苦熬着。在这一刻，他深刻地意识到什么叫世事变迁，什么叫物是人非，更加理解向秀在嵇康故居前追往昔、忆旧友的心情了。

想着，想着，刘禹锡文思泉涌，写了一首回赠给白居易的诗——《酬乐天扬州初逢席上见赠》：

巴山楚水凄凉地，二十三年弃置身。
怀旧空吟闻笛赋，到乡翻似烂柯（kē）人。
沉舟侧畔千帆过，病树前头万木春。
今日听君歌一曲，暂凭杯酒长（zhǎng）精神。

抒情

　　"乐天"是白居易的字。被"抛弃"了二十多年，满腹才华不得施展，却又只能眼睁睁地看着自己的国家日渐衰弱，刘禹锡曾经是难过的，心有不甘。但此时在宴席之上，从苦痛中涅槃（nièpán）重生的刘禹锡说自己是"沉舟"，是"病树"，是平静的，又是充满昂扬之气的。

　　刘禹锡对未来充满希望，自己现在被召北归，将来总有机会成就一番事业，那么之前的苦楚又算什么呢？所以，刘禹锡说沉舟旁边经过的千帆勇渡沧海，病树前头萌发的万木野蛮生长。况且，人世有代际，总有意气风发的少年用尽自己全部的才华与气力，拼命修补这个王朝的疮疤，就像当年的他们一样啊！

　　刘禹锡如此安慰着白居易：不必为那些不公的待遇、蹉跎的光阴过度忧伤或愤懑，我们总会再次遇到志同道合的人，再有施展才华的机会；现在读了你给我写的诗，我其实十分开心，就请共饮这杯美酒，振奋我们的精神吧！如此看来，《酬乐天扬州初逢席上见赠》又何尝不是乐观豁达的刘禹锡开解自己的言语呢？

用典课堂

典故关键词

念友　追思　感怀　世事变迁　物是人非　凄哀

用典例句

◆ 何言陵谷徙，翻惊**邻笛悲**。

——隋末唐初◎孔绍安《伤顾学士》

◆ 薄暮停车更凄怆，**山阳邻笛**若为听。

——唐◎方干《题故人废宅二首·其二》

◆ 尚书宅畔**悲邻笛**，廷尉门前叹雀罗。

——唐◎白居易《闻乐感邻》

◆ **向秀**忽**思旧**，马融方好音。

——宋◎文彦博《秋夜闻笛》

◆ 未遣清尊空北海，莫因长笛**赋山阳**。金钗玉腕泻鹅黄。

——宋◎苏轼《浣溪沙·和前韵》

◆ 不愁**落日**还**闻笛**，肯向空江却棹船。

——清◎赵执信《吴中多见故人》

冰心玉壶

洛阳亲友如相问,一片冰心在玉壶

典故档案

典源

直如朱丝绳,清如玉壶冰。

——《代白头吟》

南朝宋国诗人鲍照曾用"直如朱丝绳,清如玉壶冰"表明自己品行正直如丝绳,清正廉洁若玉壶中所盛的冰块,其中"玉壶冰"被后世用来比喻人心纯洁,品性磊落。及至唐朝,王昌龄在《芙蓉楼送辛渐》一诗中借"一片冰心在玉壶"表达思念亲人与朋友的心情。

用法

①表达思亲念友的心情。
②形容一个人为人清正,品性高洁。

课本里的历史典故

 故事乐园

南朝刘宋时期，出了一位对后世诗坛极具影响力的文学家——鲍照。杜甫曾在《春日忆李白》中写过一句"清新庾开府，俊逸鲍参军"。"鲍参军"就是鲍照，他曾任参军一职，因此后人多用"鲍参军"称呼他。

鲍照出身寒微，家境贫穷，仕途非常坎坷。他先后投靠临川王刘义庆、衡阳王刘义季、始兴王刘濬（jùn）等人，任王国侍郎这一类的低阶官职。十多年间，他始终无法尽情施展抱负。

公元453年，宋太子刘劭（shào）和始兴王刘濬杀害了他们的父亲宋文帝。武陵王刘骏得知消息后，赶紧率军前往都城建康（今江苏省南京市），在部下的拥立之下登基称帝，史称宋孝武帝。宋孝武帝刘骏很快率兵攻占了建康，杀了刘劭。

鲍照幸运地成为拥护宋孝武帝的人员之一。他作了十首《中兴歌》，称颂宋孝武帝平定京都的功绩。之后，鲍照出任海虞（今江苏省常熟市）县令。公元456年，

鲍照迁太学博士，兼中书舍（shè）人。

这大约是鲍照仕宦生涯中最辉煌的时刻。成为太学博士的人，必得才华横溢，学富五车；而中书舍人是皇帝身边的近臣，掌管奏章诏令。由此可见，鲍照深受宋孝武帝的信任与器重。

当然，皇帝的信任与器重来得并非无缘无故。宋孝武帝喜欢写文章，还自认为别人都没自己写得好。鲍照小心地察言观色，领悟到宋孝武帝的心思后，写的文章就粗陋了很多。其他人都以为鲍照的文章不复之前的灵气了，实际上并非如此。

可深受帝王宠信的日子实在是太短了。公元457年，鲍照被贬为秣（mò）陵（古县名，治所在今江苏省南京市）令。在一些学者看来，这是一次严厉的贬黜（chù），算得上鲍照仕宦生涯中受过的最严厉的打击。可能是鲍照的好友王僧达因为多次得罪宋孝武帝而被弹劾，鲍照因此受到牵连。而且，鲍照本人性子卓尔不群，也可能因此受到同僚（liáo）的排挤。

再度怀才不遇的鲍照一时之间伤心不已，不禁想起数百年前写下《白头吟》的那位女子。"愿得一心人，白头不相离"的她得知丈夫有了二心，于是"故来相决绝"。听信小人谗言进而疏远自己的君王，不正像那有了二心、抛弃妻子的丈夫吗？于是，《代白头吟》在鲍照的悲愤中诞生了：

直如朱丝绳，清如玉壶冰。

何惭宿昔意？猜恨坐相仍。

人情贱恩旧，世义逐衰兴。

毫发一为瑕（xiá），丘山不可胜。

食苗实硕鼠，点白信苍蝇。

凫（fú）鹄（hú）远成美，薪（xīn）刍（chú）前见凌。

申黜褒（bāo）女进，班去赵姬升。

周王日沦惑，汉帝益嗟（jiē）称。

心赏犹难恃（shì），貌恭岂易凭。

古来共如此，非君独抚膺（yīng）。

被宋孝武帝疏远后，鲍照发出伤心的感叹：正直如绳、清廉如冰的人在当下的世道生存，实在是太艰难了！

抒情

世情淡漠，一旦失势，无人会帮忙。人失势后，一旦被人抓到微小的缺点，哪怕以前功绩如山，也不能被宽宥（yòu）。那些如硕鼠、苍蝇一般的小人却蝇营狗苟，在帝王面前巧言令色，诬陷忠良。帝王用人，不分忠奸，这就如同堆柴草，让那些巧言令色的后来者居上，欺凌前人。

周幽王宠爱褒姒（sì），废黜申后，日益昏聩；汉成帝宠爱赵飞燕，疏远班婕妤（jiéyú），不思朝政。曾经受帝王真心赏识的人都难以长久被信任，更何况那些只是表面恭敬的人呢？古往今来，皆是如此，又怎么会唯独我这一个寒门下士为此捶胸悲叹呢？

鲍照这一叹，的确叹出了不少与之境遇相似之人的辛酸与苦闷。这不，两百八十多年后，这些辛酸和苦闷依旧如昨，融进唐朝诗人王昌龄的酒杯里，尝起来格外苦涩：

寒雨连江夜入吴,平明送客楚山孤。
洛阳亲友如相问,一片冰心在玉壶。

天刚亮的时候,王昌龄似乎还能嗅到前一晚笼罩吴地的冷雨留下的清寒气息。他刚送走好友辛渐,望着远处连绵起伏的远山,内心涌起数不清的孤寂。辛渐,要是在洛阳的亲友问我现今如何,请一定要转告他们,我王昌龄的心志依旧如玉壶里的冰那样纯洁晶莹,不染尘埃。

一般托付他人带给亲友的话,无外乎身体康健、一切顺遂、切勿惦念之类的宽慰之言。王昌龄这句"一片冰心在玉壶",明显有别于这类宽慰的言语,更像是在表明自己的心志。这是为什么呢?

王昌龄的仕途也十分坎坷:将近四十才进士及第,之后在长安(今陕西省西安市)任秘书省校(jiào)书郎,后来迁为汜(sì)水〔古县名,在今河南省荥(xíng)阳市〕

尉，没几年就被贬到了偏远的岭南。幸好，他很快遇赦（shè）北归，任江宁（今江苏省南京市）县丞。

品性孤洁的王昌龄被贬，也许并非是他能力不行。据《旧唐书》记载，王昌龄"不护细行，屡见贬斥"。也就是说，王昌龄因在生活上不拘小节，而多次被贬。这样不伦不类的理由，也只有奸臣小人能想到了。

写下这首《芙蓉楼送辛渐》时，王昌龄已经五十多岁了，正在江宁县丞任上。好友辛渐远道而来，王昌龄想必格外开心。可惜天下无不散之筵（yán）席，辛渐不得不离开江宁了。王昌龄不顾寒雨，从江宁一路送他到丹徒（古县名，治所在今江苏省镇江市），为他设宴饯行，兴之所至，一起登上了芙蓉楼。诗兴大发的王昌龄还为此写了两首诗，也就是《芙蓉楼送辛渐二首》。

辛渐肯定知道王昌龄心中的委屈与幽怨，大概在临

行前，辛渐鼓励他振作，不要在意那些小人的诽谤与谗言。王昌龄心里也明白，担忧自己的不只辛渐一人，远在洛阳的亲友肯定也为自己操了不少心。

苦酒下肚，王昌龄又找回了一些年少时的意气，用了"冰心"与"玉壶"表明自己不会低下头颅，和那些小人同流合污，让自己纯洁的灵魂染上黑暗官场的尘埃。在异乡任职的王昌龄自然也是孤寂的，因而思念着远方的亲友，不愿他们为自己担忧。从另一首《芙蓉楼送辛渐》中，不难一窥他的孤寂与高洁：

丹阳城南秋海阴，丹阳城北楚云深。
高楼送客不能醉，寂寂寒江明月心。

用典课堂

典故关键词

思亲念友　清正廉洁　刚直正义　品性高洁
心性纯洁

用典例句

◆ 离心何以赠，自有玉壶冰。

——唐◎骆宾王《别李峤得胜字》

◆ 炯如一段清冰出万壑，置在迎风寒露之玉壶。

——唐◎杜甫《入奏行赠西山检察使窦侍御》

◆ 涨海豁心源，冰壶见门地。

——唐◎李群玉《登宜春醉宿景星寺寄郑判官兼简空上人》

◆ 一夜冰澌满玉壶。五更喜气动洪炉。门前桃李知麟集，庭下芝兰看鲤趋。

——宋◎石孝友《鹧鸪天·其七》

◆ 冰心谁诉，但吹入梅花，明月地，白云阶，相照天寒好。

——宋◎何梦桂《蓦山溪·和雪·再用韵》

◆ 知君心似玉壶清，未肯缁尘久雒京。

——明末清初◎顾炎武《潘生次耕南归寄示》

西窗剪烛

何当共剪西窗烛，却话巴山夜雨时

典故档案

典源

君问归期未有期，巴山夜雨涨秋池。何当共剪西窗烛，却话巴山夜雨时。

——《夜雨寄北》

当时，李商隐远在巴蜀一带，与妻子（一说是友人）分别日久。妻子来信，问他什么时候可以归家，李商隐自己也不确定。独在异乡的李商隐晚间枯坐，回忆与妻子的点点滴滴。夜雨淅（xī）淅沥（lì）沥，遍洒巴山，秋池很快就涨满了。李商隐不禁想到，不知什么时候才能与妻子团聚，一起在窗下共剪烛花，向她倾诉自己今夜困在巴山夜雨中的绵绵相思呀？

用法

①表达对亲友的思念之情。
②指夫妻分离。

抒情

故事乐园

唐朝诗人李商隐年少时以文采闻名，未到弱冠就得到了位高权重的令狐楚的赏识。令狐楚也非常擅长写文章，他对李商隐礼遇有加，让自己的儿子与李商隐一同学习。李商隐自然而然地成了令狐楚的幕僚。

当时，朝廷内"牛李"分立：以牛僧孺、李宗闵为首的官员是牛党；以李德裕为首的官员是李党。数十年间，这两派官员针锋相对，相互争斗，水火不容。令狐楚属于牛党这一派，李商隐理所当然地被认为身属牛党。对自己的伯乐，李商隐想必满怀感恩之心，完全无法预料到自己一生的波折与坎坷会由此发端。

开成二年（公元837年），李商隐又一次参加科举考试，终于中了进士。这一年，他的伯乐令狐楚去世了。李商隐悲痛万分，奉丧至长安。第二年，李商隐参加吏部考核，波折不断，一直受阻，无法出仕为官。

机缘巧合之下，李商隐认识了改变人生的另外一个重要人物——王茂元。王茂元当时任泾（jīng）原（古方镇名，治所在今甘肃省泾川县北）节度使，镇守一方。王茂元和令狐楚一样，对李商隐的才学赞赏有加，让他成为自己的幕僚，协助自己处理政事。

后来，王茂元还将自己的女儿嫁给了李商隐。一个是诗心浪漫的才子，一个是蕙质兰心的少女，佳偶天成，结成一桩良缘。婚后，李商隐和妻子感情融洽，相互照顾，一起度过了一段非常快乐的岁月。

公元839年，李商隐得任秘书省校书郎，但不久又被调离权力中枢——长安。人生的风雨似乎悄然而至。也许这次调动与牛李党争有关。此前，李商隐早已被大家视为令狐楚所属的牛党，而王茂元与李德裕交好，属于李党。李商隐不仅投身于王茂元麾下，还娶了他的女儿，在牛党一派的官员看来，李商隐罔顾令狐楚的知遇之恩，投入"敌方"阵营了。

对于这件事，令狐楚的儿子令狐绹（táo）的反应最为激烈。父亲令狐楚对李商隐礼遇有加，还曾亲自教李商隐写文章；令狐绹自己与李商隐相识，还曾在科举上帮助过他。李商隐娶王茂元的女儿，无异于背弃长辈的知遇之恩和多年的朋友之义。在令狐绹的带领下，牛党一派的官员、文士纷纷指责李商隐"背恩"。李商隐的求仕之路也因此变得更加艰难了。

会昌二年（公元842年），李商隐的母亲去世。按照当时的规定，任秘书省正字的李商隐需辞去官职，为母亲守孝；后来，王茂元也去世了。两位重要的亲人相继离世，无论是在情感上，还是在仕途上，对李商隐的打击都不小。

尽管如此，李商隐也丝毫未因自己的不幸遭遇迁怒于妻子。他与妻子依旧恩爱，感情日笃。

会昌六年（公元846年），李党失势，一大批官员纷纷被贬外放。前一年十月，李商隐复职秘书省正字。尽管官小位低，可他还是受到了牵连。为生计所迫，李商隐跟随桂管观察使郑亚远赴桂州（古州名，治所在今广西壮族自治区桂林市），此后辗转各地，始终不得志。

李商隐常年漂泊在外，心中一直记挂着远在长安的妻子。在一个清冷的秋夜，李商隐对灯枯坐，望着遍洒巴山的连绵夜雨，想起妻子在寄来的家书中询问自己的归期。寄人篱下的李商隐自己也不确定何时能回去，一时之间格外想念妻子，想到要是自己哪天归家，就能和她一起在西窗下共剪烛花，为她描述这场让池塘涨满的秋雨如何寒凉，笼罩巴山的雨雾如何朦胧，向她倾诉自己此时溢满胸膛的思念。

这一切都被李商隐写进了传诵千古的《夜雨寄北》里：

君问归期未有期，巴山夜雨涨秋池。
何当共剪西窗烛，却话巴山夜雨时。

李商隐在客居异乡、愁对山雨的当下，想象着与妻子团聚的未来；又想象着在那个夜话西窗、共剪烛花的未来，和妻子谈论他愁对山雨、满是情思的当下。虚实巧妙结合，时空巧妙交错，用乐景写哀情，如此精巧的手法，难怪后人会津津乐道，沉迷其中。

一些学者认为，李商隐写这首诗时，是柳仲郢（yǐng）

抒情

的幕僚，跟随他在巴蜀一带。那时，李商隐的妻子已经去世了，所以这首《夜雨寄北》是李商隐寄给在长安的友人的。

  且先不管是写给谁的吧，千百年来，人们可以清晰地感知到李商隐藏在其中的辛酸、苦涩、离愁、思念和对欢聚的渴望，体会到他的情感在刹那之间的千变万化。这些幽婉曲折的绵绵情意历久弥新，直到今天，直到此刻，依旧打动着你我，不是吗？

用典课堂

典故关键词

思亲念友　夫妻分离　亲友离别

用典例句

◆ 西窗剪烛浑如梦，最愁处、南陌分襟。
　　　　　　　　　　——宋◎袁去华《一丛花》

◆ 剪烛西窗夜未阑。酒豪诗兴两联绵。香喷瑞兽金三尺，人插云梳玉一湾。
　　　　　　　　　　——宋◎辛弃疾《鹧鸪天·和陈提干》

◆ 寂寥西窗坐久，故人悭会遇，同剪灯语。
　　　　　　　　　　——宋◎吴文英《齐天乐·与冯深居登禹陵》

◆ 万叶秋风孤馆梦，一灯夜雨故乡心。
　　　　　　　　　　——宋◎汪元量《秋日酬王昭仪》

◆ 问西窗停烛，谁吟巴雨，连床鼓瑟，谁弹湘月。
　　　　　　　　　　——元◎仇远《一寸金》

◆ 一夕乍寒秋枕梦，十年重剪西窗烛。
　　　　　　　　　　——元◎朱晞颜《满江红》

牛郎织女

七夕今宵看碧霄,牵牛织女渡河桥

典故档案

典源

《乞巧》"牵牛织女渡河桥"一句中的"牵牛织女",出自民间故事中的牛郎织女;"河桥"分别指"银河"与"鹊桥"。

织女本是天上的仙女,下凡与牛郎结为夫妻,生了两个孩子。后来,王母娘娘来到人间带走了织女,牛郎带着两个孩子紧追不舍。王母娘娘见状,拔下发钗,在空中划出一条银河。牛郎与织女就这样被隔在银河两岸,日日痛哭。时间长了,王母娘娘便答应让他们每年农历七月初七相见。每年七月初七,喜鹊都会飞到银河,搭成鹊桥,牛郎织女一家人就能团聚了。

用法

①比喻夫妻分离,难以相见。
②表达强烈的思念之情。
③用以咏七夕。

课本里的历史典故

故事乐园

也许是在大家很小的时候,家中的大人会在某个星光璀璨的夏夜,慢悠悠地讲起牛郎织女的故事:

织女本是天上的仙女,特别会织彩锦。王母娘娘每天都会将她织的彩锦变成云霞,装饰天空。慢慢地,织女厌倦了日复一日的织锦生活,于是趁王母娘娘不注意,偷偷跑到了凡间。

她在凡间遇见了勤劳的牛郎,和他结为夫妻,生了两个孩子。男耕女织,各司其职,两人恩爱有加,一家人过得非常幸福。

后来,王母娘娘知道了,大发雷霆(tíng)。她派人找了好久,终于找到了织女。于是,王母娘娘怒气冲冲地来到人间,带着织女飞上了天。牛郎带着两个孩子紧追不舍。王母娘娘见状,便拔下发钗,在空中划出一条银河。就这样,牛郎和孩子们在银河这边,织女在银河那一边,始终不得相见。

他们日日痛哭,哀伤不止。最后,王母娘娘不得不答应让他们每年农历七月初七相见。于是，每年到了七月初七那天，喜鹊都会飞到银河，搭成鹊桥，让牛郎织女一家人团聚！

牛郎与织女的故事在我国流传了数千年，几乎家喻户晓。起初，远古的周朝时，先民们还没有让他们成为"人"。那时，"织女"与"牵牛"还只是星星的名字。

《诗经·小雅·大东》中有"维天有汉，监（jiàn）亦有光。跂（qí）彼织女，终日七襄。虽则七襄，不成报章。睆（huǎn）彼牵牛，不以服箱。"

这些诗句大约是当时被权贵无限压榨的穷苦先民说的。他们仰望天上璀璨夺目的银河，发现那些星星明亮如镜，可也只是空有光亮，对自己的生活有什么用呢？他们又看见由三颗星星组成的织女星，看它们一天移位七次。可纵然一天移位七次，也织不出美丽的纹样！他们又看了看银河另一边明亮的牵牛星（古人也称其为"河鼓"），可再明亮，也不能像真牛那样驾车呀！

渐渐地，先民们用浪漫的想象力将它们变成"人"，与爱情关联起来。东汉末年，出现了一首借牛郎与织女

描写恋人分离之苦的诗:

迢(tiáo)迢牵牛星,皎(jiǎo)皎河汉女。
纤(xiān)纤擢(zhuó)素手,札(zhá)札弄机杼(zhù)。
终日不成章,泣涕(tì)零如雨。
河汉清且浅,相去复几许。
盈盈一水间,脉(mò)脉不得语。

织女与牛郎隔着银河,遥遥相望,却无法团聚。织女用纤细的双手摆弄织布机,一整天了,织布机的札札声都没停过。可是,一匹布也没织出来!因为织女太伤心了,她总是忍不住哭泣。

有人好奇地想,那条银河看起来清澈晶莹,好像还很浅,织女和牛郎又能相隔多远呢?可实际上啊,只是隔了这样一条清浅的银河,织女与牛郎就始终无法团聚,只得含情脉脉地彼此遥望,暗自神伤,相顾无言。

这首诗证明,至少在东汉末年,人们在口口相传的故事中已经让织女与牛郎相爱,却又被银河分开了。"牵牛"和"织女"不再只是星星的名字,它们成了无数个期盼美满爱情的"他"和"她"。

及至唐宋,牛郎和织女在诗词中频繁出现,成为爱情的化身。不少文人吟咏织女与牛郎的爱情故事,还"流着自己的泪"。有些文人则独辟(pì)蹊(xī)径,不写他们分离的悲苦,反而写出了不少令人耳目一新的作品。

唐朝诗人林杰就曾选择七夕(农历七月初七)乞巧祈愿这一古老的习俗,写过一首《乞巧》:

七夕今宵看碧霄,牵牛织女渡河桥。
家家乞巧望秋月,穿尽红丝几万条。

七夕这天,天上的牛郎与织女在鹊桥上团聚。人间千家万户的少女们呢,静静地望着秋月,对月穿针,向织女祈祷,祈祷自己有双巧手,也祈祷自己得遇良人,爱情美满。穿过一个个针眼的红线,都有几万条了吧。

在林杰笔下,七夕这夜,天上人间皆美好。牛郎与

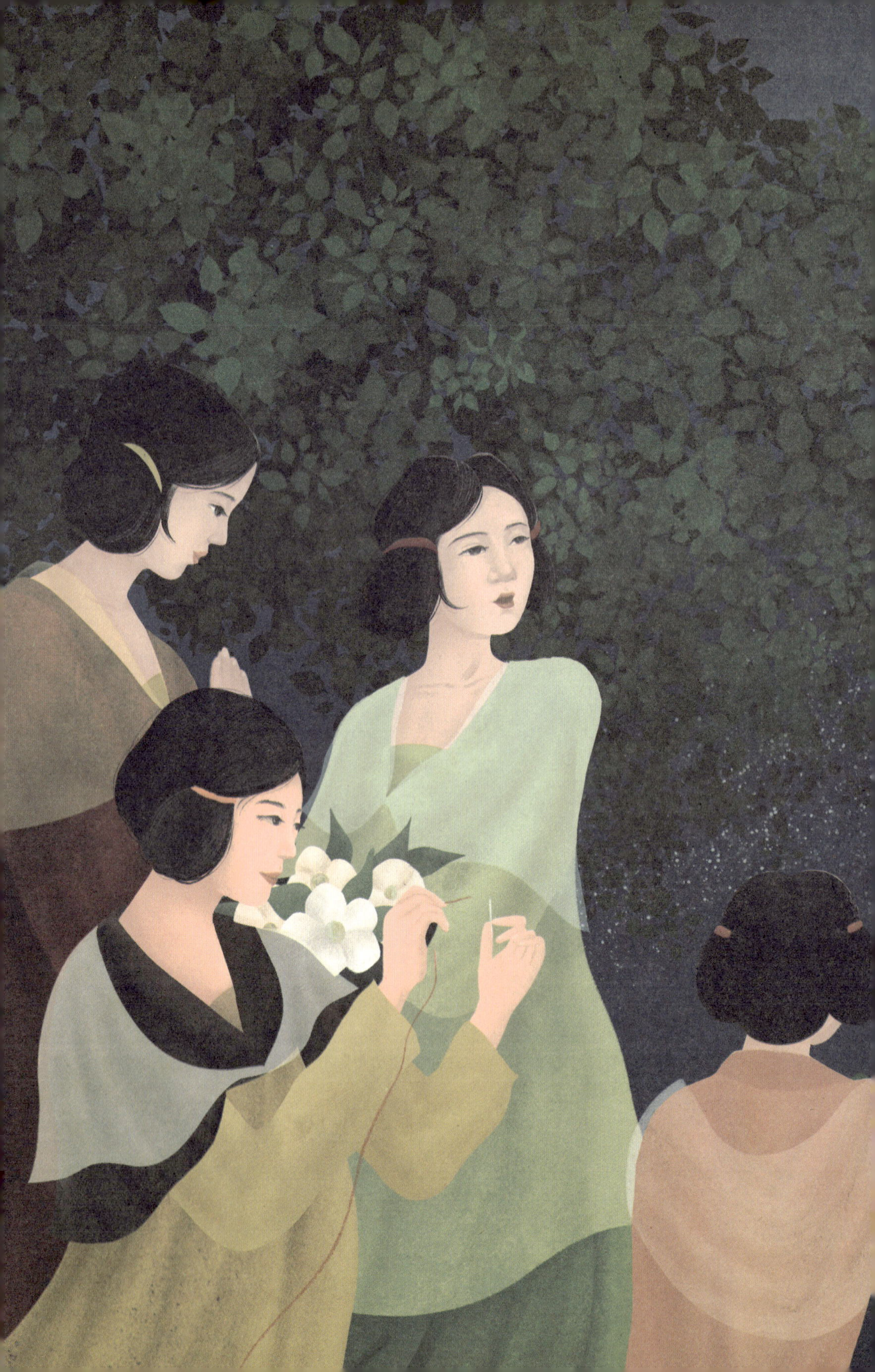

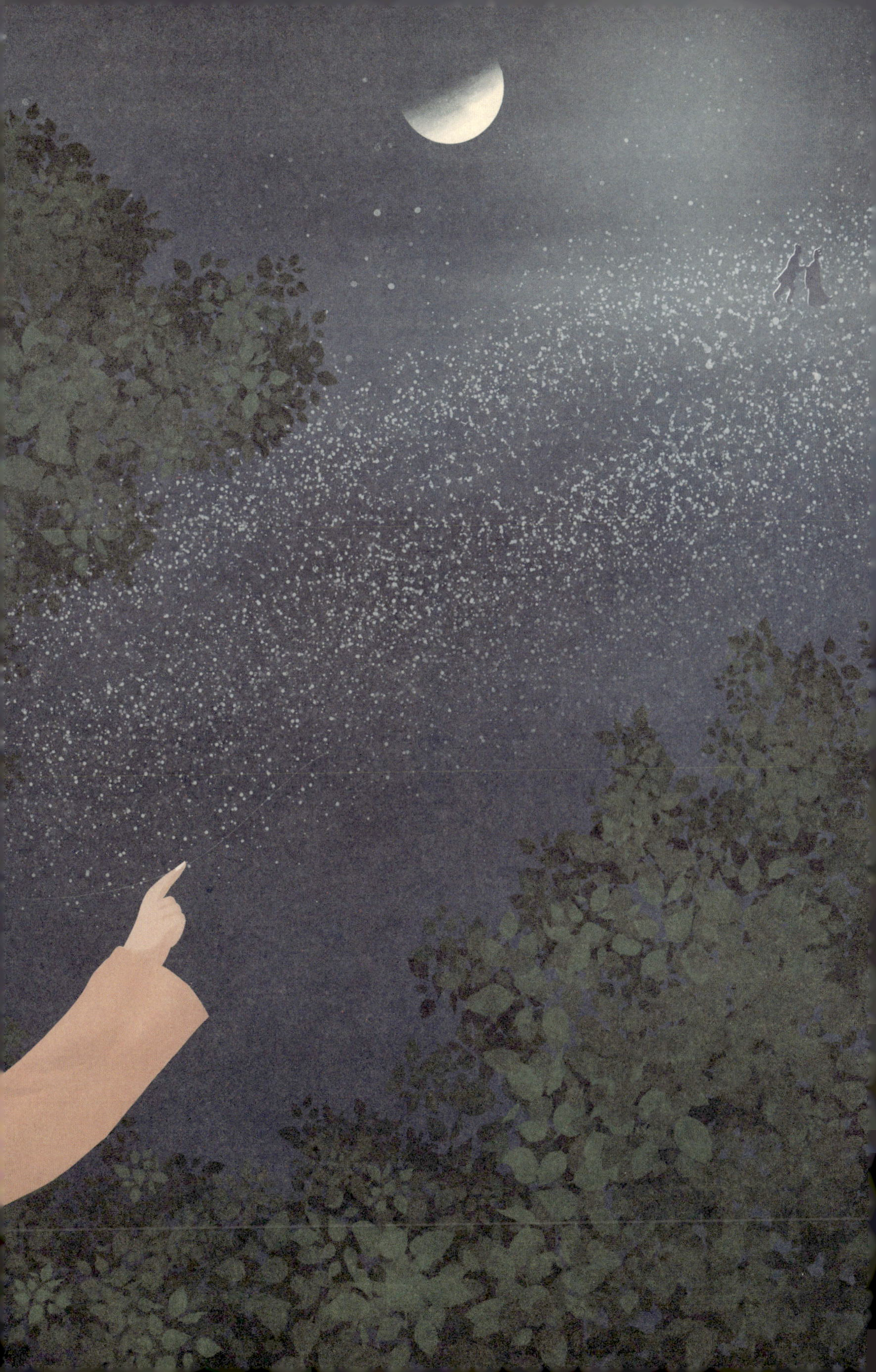

织女团聚，是美好的；少女们追求幸福的愿望淳朴、热烈，也是美好的。

同样取材于牛郎与织女七夕团聚，宋朝词人秦观的《鹊桥仙》独有高论，荡气回肠，不知令古今多少人拍案叫绝：

纤云弄巧，飞星传恨，银汉迢迢暗度。金风玉露一相逢，便胜却人间无数。　柔情似水，佳期如梦，忍顾鹊桥归路！两情若是久长时，又岂在朝朝暮暮。

又是一年七夕之夜。秦观站在灿烂的银河之下，举目远望那变化万千的流云、替织女与牛郎传递相思之苦的飞星，忽然之间意识到，牛郎与织女一年一度团聚的日子到了。盼了一年才在今日相逢，牛郎与织女该是多么欢欣哪！简直胜过人间无数貌合神离的怨偶！

如水的柔情，如梦的重逢，时间过得那么快，两人不久就又要分离了。依依不舍的两人都不忍心去看那鹊桥路。若真的是两情相悦，坚贞不渝，又何必贪恋这朝暮之间的短暂欢愉呢？

在秦观的讲述中，牛郎与织女的爱情，悲剧色彩依旧，但他放大了两人对爱情的坚贞不渝：牛郎与织女真挚地、热烈地、长久地爱着彼此，所以即使隔着银河，一年只能团聚一次，他们也甘之如饴（yí），满怀希望地迎接下一次相聚。

这样纯洁、真挚、长久的爱情，是秦观心之所向，因此他能在牛郎与织女身上察觉到。"两情若是久长时，又岂在朝朝暮暮"，是宽慰之言，又何尝不是盟誓之语？坚定而忠贞，纯洁而浓烈，这样的感情，又怎么不是翻滚在世俗之间的人们所期盼的呢？

用典课堂

典故关键词

夫妻分离　相思　爱情　七夕　坚贞不渝

用典例句

◆ 牛女漫愁思，秋期犹渡河。

——唐◎杜甫《一百五日夜对月》

◆ 如今直上银河去，同到牵牛织女家。

——唐◎刘禹锡《浪淘沙九首·其一》

◆ 天阶夜色凉如水，卧看牵牛织女星。

——唐◎杜牧《秋夕》

◆ 喜鹊桥成催凤驾。天为欢迟，乞与初凉夜。

——宋◎晏几道《蝶恋花·其四》

◆ 我笑牛郎织女，一年一度相逢。欢情尽逐晓云空。愁损舞鸾歌凤。

——宋◎陈东《西江月·七夕》

◆ 乞巧佳人传报道，今宵。牛女双星会鹊桥。

——明◎黄淮《南乡子·七夕嘲女牛》

望夫石

徒使两地眼成穿而骨化石

典故档案

典源

> 武昌新县北山上有望夫石，状若人立者。传云昔有贞妇，其夫从役，远赴国难，妇携弱子饯送此山，立望而形化为石。
> ——《太平御览·妖异部四》引《列异传》

很久之前，在武昌新县北山上，有一块望夫石，看上去像是人站立着。传说，这望夫石是一位妇人化成的。她的丈夫要去从军，为国征战。她带着年幼的孩子在此山上送别丈夫。她久久地站立在山上，望着丈夫离去的方向，悲伤不已，最后化成了石头。

用法

①形容夫妻之间感情深厚。
②表达妻子对丈夫的忠贞或思念。

课本里的历史典故

故事乐园

《列异传》是一本创作于魏晋时期的书，里面记载了很多鬼神妖怪的故事。望夫石这个颇具奇幻色彩的故事就出自其中。

当时，战乱频繁，兵力消耗巨大，因而时不时需要征调新兵入伍，于是很多人都不得不离家从军，上阵杀敌，保家卫国。在当时的武昌新县，生活着一对平凡的小夫妻。他们原本过着清贫但安稳的日子，可要丈夫去参军的调令终究还是到了。

丈夫知道自己非去不可。只是，家中还有年幼的孩子要抚养，全靠妻子一人，如何挑起养家的重担哪？他为难地望向妻子，发现妻子正泪眼婆娑地望着他。相视的一刹那，两人都心领神会，彼此垂头叹息。

很快到了分别的时候。从军的人集聚在北山脚下，周围全是妇人、孩子，还有头发花白的老人。不知道是谁先哭出了声，渐渐地，哭声连成一片，一直没断过。

妻子抱着孩子，也哭得上气不接下气，一句话也说不出。能叮嘱的,她全都叮嘱了。丈夫强忍心中的酸痛,花了好一会儿工夫才安抚住满面泪痕的妻子和孩子。

不多时,差役们清点完人数,当即就出发了。隔着人群,妻子看着丈夫强行挺直的背影,不由得再次流下眼泪。她愣了一会儿,像是想到了什么,抱着年幼的孩子,踉(liàng)踉跄(qiàng)跄地跟了上去,想多送一段。

走在队伍里的丈夫深呼吸好几次,才忍住没有回头。他听见妻儿的哭泣声了,但害怕自己一回头,就不愿离开了。差役的怒斥和催促,一声比一声急。丈夫被推搡(sǎng)着跌跌撞撞地前行。渐渐地,抱着孩子的妻子跟不上了,离丈夫越来越远。

情急之下,她带着孩子,顺着山坡往上爬,爬到了一处高地。往下望去,只能看到模糊的身影,已经分辨不出哪一个是自己的丈夫了。行军的队伍蜿蜒(wānyán)向前,走了好久,才消失在山峦之间。

山中恢复了之前的宁静,只有亘古不变的山风萧萧地吹过,吹干了她面上的泪痕,吹起了她散乱的鬓发,吹得她眼中再次蕴满泪水。但她仍旧没有离开,只是呆呆地站立在山冈上，仍望着丈夫离开的方向。

她就这样一直站着，站着……不知过了多久，上山的人忽然发现她已然化成了一块巨石——依然是那个站立远望的姿势，望着丈夫离去的方向，日日望，年年望……

国弱战乱之时，夫妻离散、家破人亡、阴阳相隔……这些令人悲伤的事情时常发生。化成望夫石的女子，又何尝不是万千参军之人身后的妻子与亲人的缩影呢？

千百年后，晚清统治之下，一位二十多岁的青年痛心于国弱被欺、哀鸿遍地的惨状，决定参与一场试图推翻晚清政府的革命，甘愿成为救国于危亡之际的一粒星火。1911年农历三月二十六（公历4月24日）深夜，他抱着必死之心，

抒情

给自己深爱的妻子写了一封遗书。

在那封遗书中，他向妻子倾诉了自己深如海的恋慕。为了让妻子尽快释然，他还恳切地剖析了自己敢"率性就死"而不顾妻子的原因：

吾诚愿与汝相守以死，第以今日事势观之，天灾可以死，盗贼可以死，瓜分之日可以死，奸官污吏虐民可以死，吾辈处今日之中国，国中无地无时不可以死。到那时使吾眼睁睁看汝死，或使汝眼睁睁看吾死，吾能之乎？抑汝能之乎？即可不死，而离散不相见，徒使两地眼成穿而骨化石，试问古来几曾见破镜能重圆？则较死为苦也，将奈之何？今日吾与汝幸双健。天下人之不当死而死与不愿离而离者，不可数计，钟情如我辈者，能忍之乎？此吾所以敢率性就死不顾汝也……

他对妻子说，我本想和你白头到老，相守一生，可目睹眼前的局势：天灾频发，盗贼横行，国家被列强疯狂瓜分，奸官污吏肆意虐民……身处这样一个弱小又昏暗的中国，人民似乎随时随地都可能死去。万一我们遭逢以上种种，让我眼睁睁看着你死去，或者让你眼睁睁看着我死去，我能做到吗？或者，你能做到吗？

哪怕侥（jiǎo）幸苟活，却与彼此离散而不得相见，你我二人徒劳地望眼欲穿，像千百年前化为石头的女子那样，悲伤到化骨为石，可从古至今破镜重圆的又有几个呢？生离之苦更甚死别，人们又能怎么办呢？

我们如今有幸健存。而普天之下本不应该死去却死去的人、本不应该分离却分离的人，不计其数。在这乱世之中，像你我这般深情相守的人，能忍心看着这些惨状发生吗？这就是我敢率性为革命而死、舍下你的原因……

这位丈夫深切地明白，覆巢之下无完卵，腐朽不堪的晚清政府不愿与列强抗衡，要是任由这样无作为的晚清政府和它背后的列强欺压，生活在这片土地上的人民迟早会被剥削殆尽，谁也逃不过妻离子散、家破人亡的噩运。所以，他一定要参加革命，一定要和志同道合的人推翻晚清政府，打倒列强，建立一个新的美好的中国，哪怕洒尽热血，他们也要前仆后继。

他很庆幸自己的妻子知书达理，追求进步，能明白当此危难之际，自己难全家国大义与儿女情长。1911年

4月27日,他在广州参与起义,与清军激烈交战,受伤力竭被捕。

1911年5月3日,这位丈夫被清政府杀害了。他的妻子悲痛万分,后来生下了遗腹子。没几年,他的妻子也抑郁而终。

这位丈夫是林觉民,黄花岗七十二烈士之一。他的妻子是陈意映,一位追求进步、渴望参与革命的女子。

1911年10月,武昌起义胜利,辛亥革命爆发。革命成燎原之势,各省纷纷独立。1912年2月,清廷被迫颁布退位诏书,清朝灭亡。

林觉民没有看到的,无数个"林觉民"前赴后继,终于做到了。经由无数个"林觉民"与"陈意映"的奋斗,今日生活在这片土地上的"林觉民"和"陈意映"终于可以安心地白头到老,相守至死。

用典课堂

典故关键词

相知相爱　魂牵梦萦　思念　夫妻分离　爱情忠贞

用典例句

◆ 常存抱柱信，岂上**望夫台**。

——唐◎李白《长干行》

◆ **望夫**处，江悠悠。**化**为**石**，不回头。

——唐◎王建《望夫石》

◆ 惆怅忠贞徒自持，谁祭山头**望夫石**。

——唐◎李绅《过荆门》

◆ **山头**怜**化石**，陌上重辞金。

——宋◎胡宿《怨思》

◆ 挥金陌上郎，**化石山头妇**。

——宋◎贺铸《陌上郎》

◆ **妾身化石**尚可转，妾心如铁无人知。

——元末明初◎胡奎《望夫石》

破镜重圆

试问古来几曾见破镜能重圆

典故档案

典源

　　陈太子舍人徐德言之妻，后主叔宝之妹，封乐昌公主，才色冠绝。时陈政方乱，德言知不相保……乃破一镜，人执其半……有苍头卖半镜者，大高其价，人皆笑之。德言直引至其居，设食，具言其故，出半镜以合之……陈氏得诗，涕泣不食。素知之，怆然改容，即召德言，还其妻……遂与德言归江南，竟以终老。

——《本事诗·情感》

　　陈国的乐昌公主嫁给了徐德言。国破前，徐德言预料到会夫妻分离，便和公主约定每年元宵节去集市上卖各自的半面铜镜，以便相见。陈国被灭后，公主再嫁隋臣杨素。几年后，徐德言见到了公主的铜镜，留下了诗文。公主得知后哭得吃不下饭。杨素便让徐德言带着公主回江南相守。

用法

①形容分离的夫妻重新相聚。
②形容感情破裂的夫妻重归于好。

故事乐园

唐人孟启创作过一部记载诗人逸事的书——《本事诗》，其中就有南朝陈国乐昌公主与其丈夫徐德言破镜重圆的奇闻。

南朝陈国末代国君陈叔宝，史称陈后主，对国事不管不顾，只顾沉迷酒色，国力日渐孱（chán）弱。当时北方的杨坚已经崛起，实力日盛，随时都有可能南下攻陈。

陈叔宝有一个既美貌又有才华的妹妹——乐昌公主。乐昌公主嫁给了当时的才子徐德言。二人志趣相投，性格相合，感情很好。

徐德言敏锐地察觉到陈国大厦将倾，只能暗自思虑是否有保全妻子乐昌公主的办法。乐昌公主出身皇族，引人注目，若是杨坚的军队攻下陈国，她无论如何都无法逃脱。徐德言越想越难过，悲痛欲绝，仍然没能想出万全之策。他只好退而求其次，希望能想出办法，在国破之后再次与乐昌公主重逢。

于是，他强忍辛酸，认真对乐昌公主说："照目前的局势看，国破家亡是迟早的事。你本就是一国公主，且以你的才华和美貌，一旦国破，你定会为对方所俘，被送入豪强权贵之家，到时候我们便永无相见之日了……"说到这里，徐德言泪流不止，一度哽咽（gěngyè）。乐昌公主自然也明白，跟着哀哭不已。

过了好一会儿，缓过来的徐德言再次出言安抚："若到时候我们侥幸苟活，彼此还相互挂念，期待有重逢之日，那我们就先选好一样信物，到时凭这信物相认。"

乐昌公主含泪点头，静静看着辛苦筹谋的丈夫。徐德言拿出一面镜子，将其破为两半，自己留存一块，递给公主另一块，说："我们现在约好：若有一天我们分离，每年正月十五，我就会拿着这半块镜子去集市上售卖。你若是看到了，就凭此与我相认。"

果然，没过多久，陈国为杨坚的军队所灭。陈国的国君同王公贵族一并被俘，乐昌公主则被送给了隋朝的权臣杨素，成为他的小妾，到了长安。杨素非常喜欢乐昌公主，对她很好。

时光一点点流逝，乐昌公主对徐德言的思念仍然未减丝毫，她一直惦记着离散的丈夫。陈国灭亡后，徐德言历尽千辛万苦，辗转流离数年，终于到了长安。这一年的正月十五，渴望与妻子重逢的徐德言照例来到长安的街市四处搜寻，抱着一丝希望，期盼能寻到乐昌公主的消息。

逛着逛着，徐德言遇到了一个拿着半面破镜叫卖的老人。这位老人要价奇高，惹得不少人驻足围观，三三两两地讨论着。有人还嘲笑他不知分寸，没有自知之明。

徐德言站在人群中，盯着老人手中那半面铜镜，整个人激动地直发抖。乐昌公主还活着！她让人拿着铜镜出来卖，说明她还没忘记约定，想与自己重聚！

待人群散去，徐德言缓缓走上前去，邀请老人去他住的地方，准备了酒食，接着和老人长谈，把两面破镜的前因后果原原本本地说给老人听，还拿出自己的半块镜子与老人手中的半块试着相合——破镜果然重圆！

直到这时，老人才放下心来，知道这人便是主人一直在等的人，于是将乐昌公主的际遇原原本本地说给徐德言听。徐德言听完，悲喜交加：喜的是公主没受什么苦，至今生活得很好，而且还盼着与自己重逢；悲的是杨素位高权重，又十分喜爱乐昌公主，估计不能放公主走。

思来想去，徐德言束手无策，绝望地在破镜上写了一首诗：

镜与人俱去，镜归人不归。
无复嫦娥影，空留明月辉。

乐昌公主得知徐德言的音信，看到题诗，再也压抑不住内心的思念，又知道自己再难与徐德言相聚，心如刀绞，泪如雨下，连续好几天都哀痛哭泣，吃不下东西。

没几天，杨素便知道了这件事。他听完二人的故事，心里也很不好受，更被他们的深情感动，于是派人找来徐德言，让乐昌公主与徐德言重聚，还送给他们二人许多钱财。宴席间，杨素见乐昌公主容光焕发，一时之间舍不得，于是提议让乐昌公主作一首诗。

乐昌公主对杨素的心思心知肚明，看了看一直提心吊胆的徐德言，想了想，起身便说：

> 今日何迁次，新官对旧官。
> 笑啼俱不敢，方验作人难。

乐昌公主用这首诗告诉杨素，自己内心也十分复杂。今日自己该去哪里呢？和旧夫团圆，便是和新夫分离。自己笑也不是，哭也不是，直到此时才知道做人真的不容易呀！

杨素不忍乐昌公主再为难，于是让她和徐德言一起离开了。最终，徐德言和乐昌公主回到了江南，相守到老。坚贞不渝的两人没有辜负彼此，破镜重圆的佳话一直流传到今天。

用典课堂

典故关键词

夫妻重聚　夫妻情深　坚贞不渝

用典例句

◆ 感**破镜**之分明，睹泪痕之余血。

——唐◎元稹《古决绝词》

◆ 亏蟾便是**陈宫镜**，莫吐清光照别离。

——唐◎黄滔《别后》

◆ 花落花开，渐解相思瘦。**破镜重圆**人在否。章台折尽青青柳。

——宋◎苏轼《蝶恋花·佳人》

◆ 直自凤凰城破后，擘钗**破镜分飞**。天涯海角信音稀。

——宋◎朱敦儒《临江仙·其三》

◆ 叹半妆红豆，相思有分，**两分青镜**，重合难期。

——宋◎程垓《洞庭春色》

◆ 懊恨别离轻，悲岂断弦，愁非**分镜**。只虑高堂，风烛不定。

——元末明初◎高明《琵琶记》

折柳

此夜曲中闻折柳,何人不起故园情

典故档案

典源

"折柳"源自汉代乐府曲名《折杨柳》,以此为名的内容大多表达离愁别绪。

古人在送亲人或朋友远行时,有折柳相赠的习俗。据一些学者研究,因"柳"谐音"留",人们折柳赠别,表达对远行之人的挽留与惜别。

用法

①表达对亲友的依依惜别之情。
②指代送别或赠别。

抒情

故事乐园

古人出门远行，不如现在便捷。那时，交通不便，音信难通，远行时常伴随着各种危险。不少游子、仕宦之人在亲友担忧的目光中踏上远行的路途，心怀忧虑的亲友总会用各种各样的形式来表达自己的关切和祝福。"折柳"便是其中之一。

折柳送别的风俗很早就出现了。据《三辅黄图》记载，长安附近有一座霸（灞）桥。汉朝时期，人们若是往东出行，总是会经过这座桥。于是，越来越多的人就在此桥送客，折柳相赠。慢慢地，折柳成为一个固定的送别仪式，表达人们对远行之人的关心和留恋。

在文学作品中，汉乐府古曲中有《折杨柳》，北朝民歌有《折杨柳歌辞》："上马不捉鞭，反折杨柳枝。蹀（dié）座吹长笛，愁杀行客儿。"

到了唐朝，因为科举制度的推行和边疆地区战事频繁，不少有才之士纷纷离开家乡，前往长安、边塞或各地的幕府，或应试，或求官，期盼实现自己经世治国的理想；或前往边疆，投身军旅，渴望成就堪比封狼居胥的功业。他们与亲友的离别之情、牵挂之意，纷纷被化作唐诗中不胜枚举的"折柳""杨柳"："故园柳色催南客，春水桃花待北归""伤见路边杨柳春，一重折尽一重新""溪边杨柳色参差，攀折年年赠别离""秋庭怅望别君初，折柳分襟十载余"……

"折柳"在王之涣的《凉州词》和李白的《春夜洛城闻笛》中，也格外触动人心。

大约在开元十四年（公元726年），王之涣被小人

构陷，一怒之下便拂衣辞官。从开元十五年起，王之涣居家十五年，其间可能曾远游边塞。据一些学者研究，《凉州词》可能就是他远游边塞时写的：

黄河远上白云间，一片孤城万仞（rèn）山。
羌（qiāng）笛何须怨杨柳，春风不度玉门关。

王之涣应该是爬上了一处很高的山头，尽情远眺（tiào）浩浩荡荡的黄河。目光所及，黄河上游远至天际，仿佛延伸进重重白云之间。站在高处俯瞰，那片孤城显得如此渺小，扎在数不清的山峦之间。恍惚间，王之涣隐隐约约听到了一阵幽咽的羌笛声，他凝神辨认，原来那人吹的是《折杨柳》。

也许是戍边的将士们在春日想家了吧！可惜漠北边塞的春天来得晚一些，此刻春风未至，杨柳尚未被染青。那幽幽哀怨的笛声仿佛是在埋怨春日迟迟不来呢。戍边的将士或许想起此时的家乡杨柳青青，花团锦簇，当年他们临行前，亲友纷纷折柳相送；而此时，自己孤身戍边，举目皆是荒凉，寒风携着寒气，哪里有半点春日的影子！

思家的情绪不由得愈发浓烈了，不如用羌笛吹一曲《折杨柳》，宣泄一下心底的思念与酸楚吧！

玉门关远在西北之地，与黄河相隔甚远。"玉门关"也许并非真实的玉门关，而是边关的代称。一曲哀怨的《折杨柳》回荡在山峦间，当年临行送别时，是依依不舍，是离愁别绪，是祝愿远征戍边之人平安，是希望远征戍边之人能如期归家；在此时戍边之际，是思亲念友，是眷念故土，是远征戍边之人企盼归家。

其实，不只是远征戍边之人吹《折杨柳》思家。客居他乡的人哪怕只是听见了，依然会忍不住思家，李白便在其中：

> 谁家玉笛暗飞声，散入春风满洛城。
> 此夜曲中闻折柳，何人不起故园情。

开元二十年（公元732年）春天，李白客居洛阳。

抒情

一天晚上，四处都静悄悄的，微风带着一阵悠扬的笛声飘进了李白的房间。李白听了一阵，发现是有人正在吹《折杨柳》。笛声随着微风飘进房间，没多久又飘远了，仿佛要散布在洛阳城各个角落。

在杨柳青青的春日吹起《折杨柳》，吹笛人今日送别亲友了吗？还是和自己一样，也是个客居他乡的游子呢？

李白静静地听着熟悉的曲调，放任思绪翻涌，不知不觉间竟想起故乡的亲友与风物了。他们还好吗？身体可康健？此时在做什么？是在望月吗？还是已经安睡？他们此刻也在思念着我吗？家乡的杨柳绿了吗？庭院里的花开了吗？……唉！吹笛的人哪，你在易生愁思的春夜吹《折杨柳》，可知要引得多少游子再品一品离愁别绪的滋味，再尝一尝思乡思归的愁情呢！

明明是李白自己思乡，他却说别人听到《折杨柳》会思乡。如果李白自己不怎么思乡，估计未必能推己及人，这样含蓄的写法更显出李白思乡之切了。

那些远征戍边的将士，那些客居他乡的游子，年年岁岁思念着家乡。在他们的家乡，长在渡口、桥头、村边、

课本里的历史典故

道旁的杨柳,年年春天都会绿,一年四季都在目睹离别与重聚。它们不知自己在诗人笔下何等动人,只默默地见证着送行之人的眼泪与叹息,摇动枝叶,挥别远行的人。

用典课堂

典故关键词

送别　赠别　离别　思乡　离愁别绪　依依不舍

用典例句

◆ **杨柳**东风树，青青夹御河。近来**攀折**苦，应为别离多。
——唐◎王之涣《送别》

◆ 春风知别苦，不遣**柳条青**。
——唐◎李白《劳劳亭》

◆ **柳絮送人**莺劝酒，去年今日别东都。
——唐◎白居易《三月二十八日赠周判官》

◆ 送人多**折柳**，唯我独吟松。
——南唐◎谢仲宣《送钟员外》

◆ **灞桥烟柳**知何限，谁念行人寄一枝。
——宋◎陆游《秋夜怀吴中》

◆ 惆怅今年频送客，**长条欲折**已无多。
——明◎高启《江上送客》

阳关三叠

劝君更尽一杯酒，西出阳关无故人

典故档案

典源

渭城朝雨浥（yì）轻尘，客舍青青柳色新。劝君更尽一杯酒，西出阳关无故人。

——《送元二使安西》

春日清晨，一场小雨打湿了飞扬在渭城（在今陕西省咸阳市东北）的微尘，客栈附近的柳叶显得更加青翠鲜嫩了。元二即将出使安西都（dū）护府（治所在今新疆维吾尔自治区库车市东），好友王维在客栈为他送别，劝他再多喝一杯酒，因为出了阳关（古关塞名，在今甘肃省敦煌市西南），就很难再遇到亲朋故旧了。

后来，这首送别名作被教坊谱曲演唱，因而被称作《渭城曲》或《阳关曲》；又因歌唱时重复回环，反复叠唱，后人称之为《阳关三叠》。

用法

指送别，表达离愁别绪。

故事乐园

一个寻常的春日清晨,王维在渭城的一家客栈中设宴,为好友元二送行。元二即将出使安西都护府,那里在渭城西边,路途十分遥远。

似有若无的细雨洒下来,沾湿了客栈的屋檐,沾湿了飞扬的微尘。无论是灰扑扑的墙,还是灰扑扑的栏杆,被这春雨洗过,都像翻新了一样。就连那客栈周围的柳树,也显得格外青翠。

一阵微风吹过,雨丝斜着洒进窗里,落在王维端着酒杯的手上。丝丝凉意蔓延,他不再看那轻柔摆动的柳枝,而是继续笑着与元二畅谈,说着以往交游的趣事。两人一边说笑,一边喝酒,似乎想抓紧时间把一切都回忆一遍,把对彼此的叮嘱再重复一遍。说着说着,两人忽然沉默了。想说的,似乎都已经说完了。

元二放下酒杯,起身朝王维郑重地行了礼,准备出发了。送君千里,终须一别,王维心里当然明白,只是离别如期而至的这一刻,心里还是酸酸的。

王维也站起身来，想了想，端起酒壶，给元二倒了一杯酒，慢慢地说："再喝一杯吧！你若是出了阳关，再往西，便是漫漫荒凉之地。在那里，可是很难再遇到故旧亲朋了。"

安西都护府的主要辖区大致在我国的新疆维吾尔自治区和中亚一带，多的是高山、戈壁和盆地，不像中原、关中地区沃野千里，人烟稠密。当时交通不便，若不是官员赴任或出使、商人经商、士兵出征等原因，大多数人可能终其一生都没什么契机踏足那里。

除此之外，吐蕃（bō）对唐朝疆土一直虎视眈眈，经常进犯。安西都护府紧邻吐蕃，也时常被侵扰。驻守在那里的唐朝将士不得不时时警惕，上战场更是常事。边疆局势复杂易变，元二此次出使并非绝对安全。因此，王维才会如此担心元二。

元二自然也清楚。今日一别，两人不知何年何月才能重逢。他十分感念好友的不舍与关怀，痛快地端起酒杯，一饮而尽。而后，纵然再不舍，两人也要分别了。送别名作《送元二使安西》就这样出现了：

渭城朝雨浥轻尘，客舍青青柳色新。
劝君更尽一杯酒，西出阳关无故人。

这首诗简洁而真挚，透过这些简简单单的字和普普通通的送别场景，我们可以清晰地感知到千百年前王维对元二浓烈的关怀与不舍，甚至还能品出一点点悲伤来。最后两句的劝酒词，仿佛包含了王维想对元二说的一切。无论是当时，还是此刻，缓缓读来，不得不感叹诗中言有尽而意无穷的艺术效果达到了顶峰！

很快，这首动人心魄的诗被教坊谱曲演唱，流传得更广了。人们开始用《渭城曲》或《阳关曲》称呼它。开元年间，李龟年、李彭年、李鹤年三兄弟以才学著称，名动一时。其中，李鹤年就曾唱过《渭城曲》。

《渭城曲》为什么又称"阳关三叠"呢？这就与它的唱法有关了。"三叠"是歌词重复三次的意思。是每

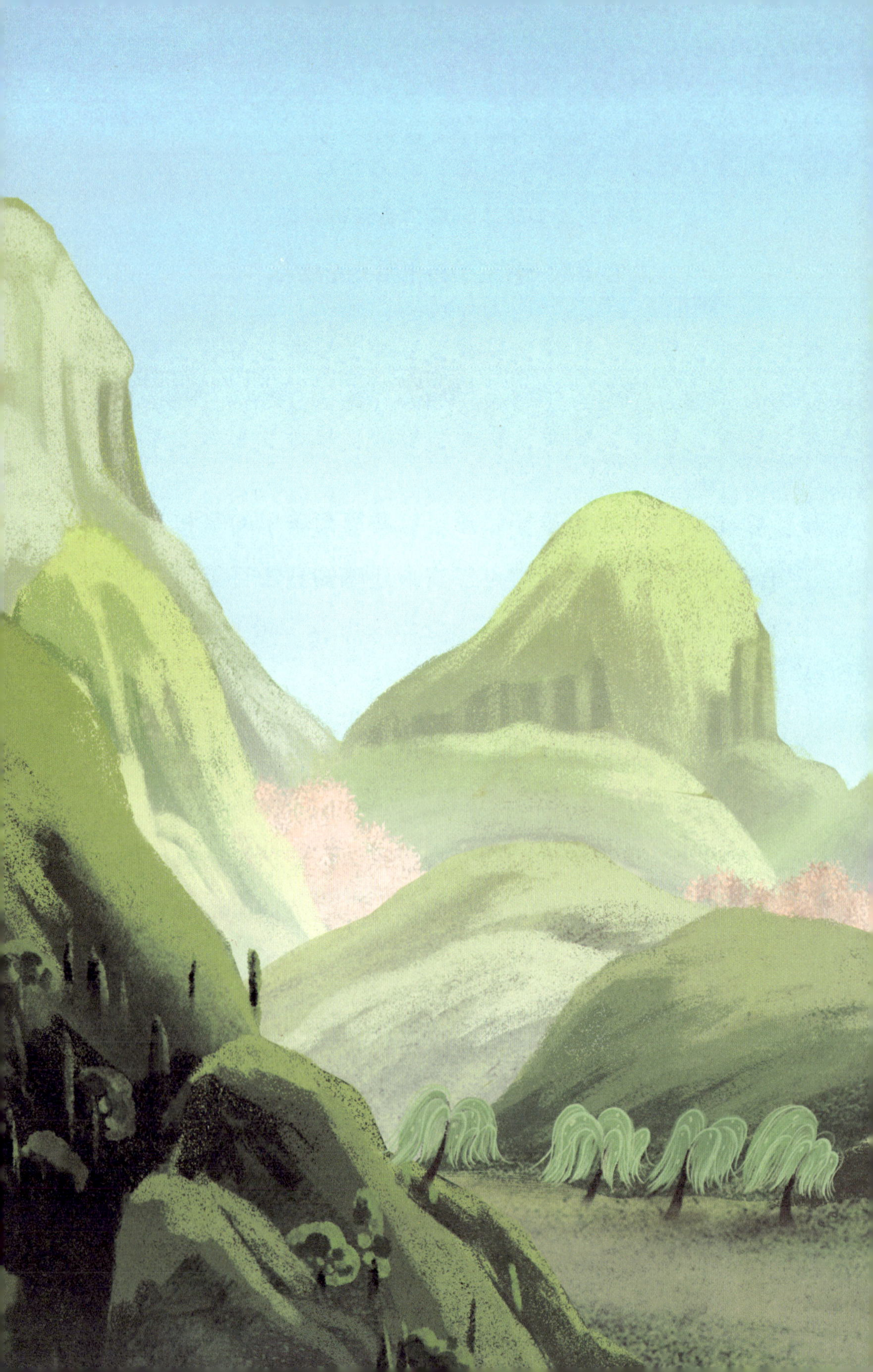

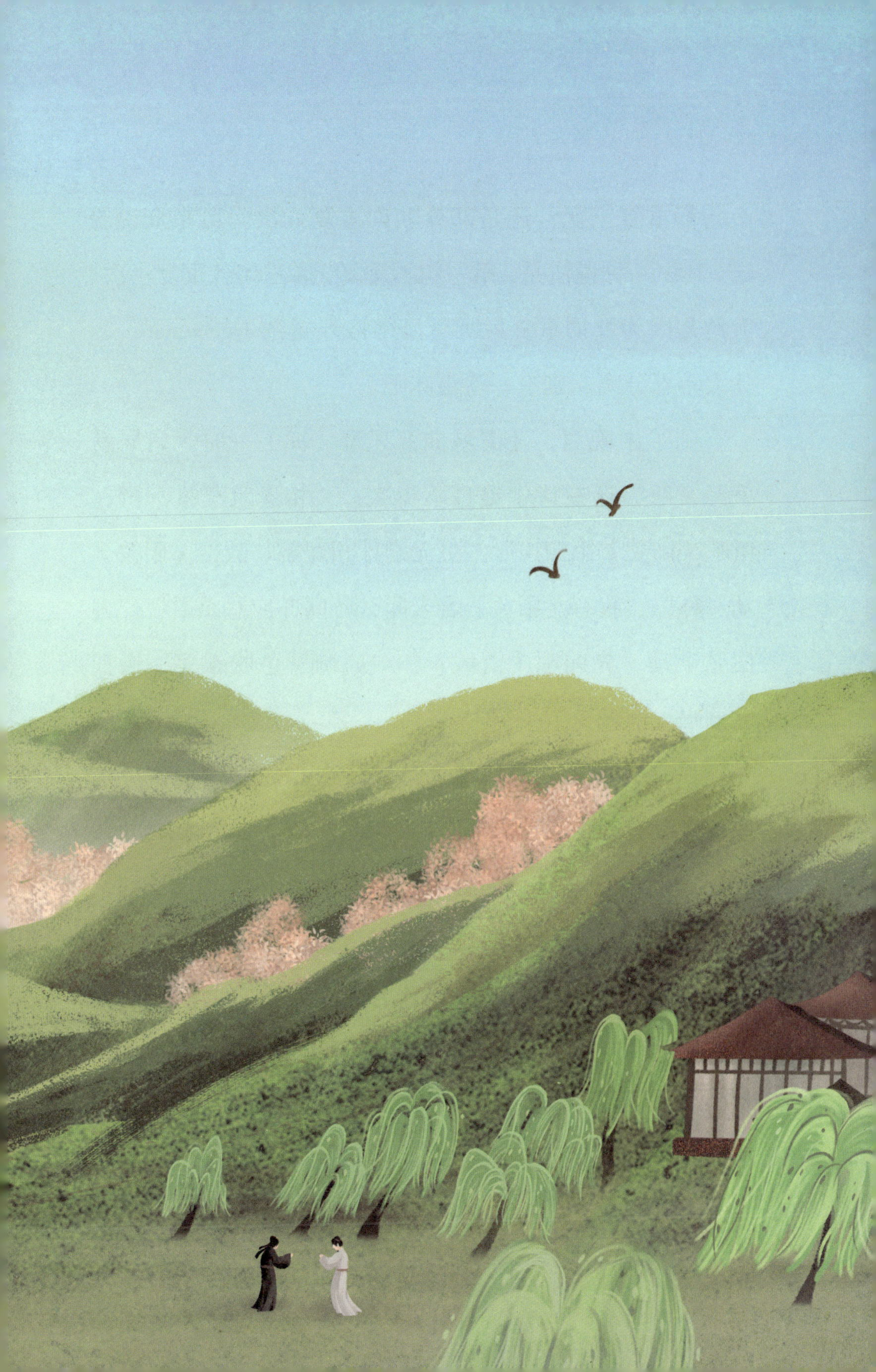

一句都重复三次？还是部分歌词重复三次？历来众说纷纭。其中一种说法是，第一句不重复，后三句各重复一次。大约是因为歌词重复后听着显得格外缱绻（qiǎnquǎn），让人不忍分离，别有一番滋味吧。

到了中晚唐，《渭城曲》风靡（mǐ）一时。白居易就经常听，还在诗中提过不少次："相逢且莫推辞醉，听唱《阳关》第四声""更无别计相宽慰，故遣《阳关》劝一杯""我有《阳关》君未闻，若闻亦应愁杀君""理曲弦歌动，先闻唱《渭城》""高调管色吹银字，慢拽歌词唱《渭城》"……

后来，大唐衰颓，覆灭，五代十国风起云涌，可这些丝毫没有影响《渭城曲》在百年间流传下去。到宋朝时，人们送别饯行，几乎都会唱它。大文豪苏轼与人送别，喝完酒后，就唱过《渭城曲》。金元时期，依旧有不少人会唱。及至明清，唱这首歌的人或许没有之前那么多了，但它作为乐曲，逐渐成为经典琴曲——《阳关三叠》，被记录在众多琴谱中。

元二是谁，是哪里人，长什么模样，何年何月出使安西都护府，在那里成就了怎样一番功业……因为还没有发现确切的史料，所以这些问题至今还没有确定的答案。元二在历史中是模糊的，但在文学与艺术的世界里，他又是清晰的，承载着淳朴的友谊，丝毫不输给踏歌送李白的汪伦。

自己和那一年的绿柳、春雨、轻尘，通过一首诗——《送元二使安西》，一首歌——《渭城曲》，一支琴曲——《阳关三叠》，名留青史，被千百年后的人们认识，这大概是元二自己都没有想过的事情吧！

用典课堂

典故关键词

送别　赠别　离别　离愁别绪　依依不舍

用典例句

◆ 唱尽《阳关》无限叠，半杯松叶冻颇黎。
　　　　　　　　——唐◎李商隐《饮席戏赠同舍》

◆ 一帘梅雨炉烟外，三叠阳关烛泪前。
　　　　——宋◎范成大《水乡酌别但能之主管能之将过石康》

◆ 三叠凄凉渭城曲，数枝闲澹阆中花。
　　　　　　　　　——宋◎陆游《阆中作二首·其一》

◆ 叹西出阳关，故人何处，愁在渭城柳。
　　　　　　　　　——宋◎张炎《摸鱼儿·别处梅》

◆ 渭城歌罢独凄然，不及新声世共怜。
　　　　　　　　　——明◎高启《闻旧教坊人歌》

◆ 一杯酒尽君须去，故遣阳关三叠声。
　　　　　　　　——清◎陈廷敬《和阳关曲三首·其一》

春风得意

春风得意马蹄疾,一日看尽长安花

典故档案

典源

昔日龌龊(wòchuò)不足夸,今朝放荡思无涯。春风得意马蹄疾,一日看尽长安花。

——《登科后》

贞元十二年(公元796年),四十六岁的孟郊终于进士及第,摆脱了落榜的阴霾(mái)。此前数十年种种不如意在开心得意的孟郊看来都不值一提了,他决定无拘无束地放松身心,畅游长安,恨不得一日之内看遍长安繁花艳丽的春景呢!

用法

形容志得意满、意气风发的状态。

课本里的历史典故

故事乐园

唐朝诗人孟郊生于天宝十载（公元751年），他的父亲当时任昆山尉，俸禄不多。四年之后，安史之乱爆发了。之后数年，硝烟不断，人口锐减，盛极一时的唐王朝就此由盛转衰。战火硝烟笼罩着孟郊的童年，上苍也没有恩赐一丝多余的温情给他：他的父亲也离开了他。如今无法确定孟郊何年丧父，但可以确定当时孟郊并不大，还需要他的母亲抚养。

孤儿寡母相依为命，生活必然极度艰难。因此，孟郊渴望自己能金榜题名，出人头地。三十岁之前，他一直在家乡寒窗苦读。

那时，文人求官，除了参加科举考试之外，还有"干谒（yè）"，就是带着自己写的诗文去求见一些达官贵人，表现自己的才华和能力，通过他们的引荐步入仕途。

公元781年，三十一岁的孟郊离家，前往河阳（治所在今河南省孟州市南），作了《上河阳李大夫》一诗，干谒时任河阳三城怀州节度使的李芃（péng），铩（shā）

羽而归。公元786年，孟郊又作诗《上包祭酒》，干谒当时主持礼部贡举的国子祭酒包佶（jí），仍以失败告终。

幸运女神似乎从未眷顾过才华满腹的孟郊，他的科举之路更为艰难。

科举考试从来就不是一条简单的路，当时，想要参加在京城举行的进士考试，还要通过地方的筛（shāi）选考试才行。公元791年，孟郊四十一岁，才通过地方选拔，取得上京考进士的资格。满怀希望的孟郊随即前往长安应试，期待自己能一举登科。但命运再一次捉弄了他，第二年放榜时，孟郊发现自己一试下第。

孟郊非常沮丧。母亲已经年迈，一家人也生活得十分凄苦。本想着进士及第，谋得一官半职，让家人过得好一些，结果他的希望又破灭了。于是孟郊写了很多诗来发泄内心的苦闷。

一时感伤之后，孟郊振作起来，再度应试。但天不遂人愿，他再次落第，榜上无名。此时，孟郊的悲伤仿佛要弥漫至天际了。一首《再下第》将他的沮丧、失落、愁苦展现得淋漓尽致：

课本里的历史典故

> 一夕九起嗟,梦短不到家。
> 两度长安陌,空将泪见花。

孟郊忧心忡(chōng)忡,夜不能寐(mèi),多次醒转叹息。每次做梦,还没梦到归家,就醒来了。自己已经参加了两次科举,都没有金榜题名,而今只能对着长安的繁花独自洒泪呀!

公元795年,孟郊第三次前往长安应试。而这一次,似乎连老天爷都不忍心再折磨他——第二年放榜,他终于榜上有名,登进士第了!此时,孟郊已经四十六岁了。

年少失怙(hù),波折离乱,穷困拮据(jiéjū),屡试不第……几十年的凄苦终于被时间酿成了甜酒。孟郊无比欣喜,意气风发,一扫往日的颓丧阴郁,写下了著名的《登科后》:

> 昔日龌龊不足夸,今朝放荡思无涯。

春风得意马蹄疾，一日看尽长安花。

在这一刻，数十年的磋（cuō）磨与困苦仿佛都烟消云散，不值一提了。他只想无拘无束地放纵一天，策马奔驰，畅游长安，好好欣赏春日的繁花与绿树！偌大的长安城，数不尽的春花与美景，短短一日自然是看不完的。这样说，看似得意到狂妄，可千百年来读这首诗的人却几乎都认为，孟郊这样说非常合乎情理。不少人都被孟郊的喜悦感染，为他喜悦，为他开心，恨不得穿越时空，陪他在富丽堂皇的长安城痛痛快快地"疯"一场！

如今，我们翻阅史料，大致能拼凑出孟郊的一生。纵观他满是凄风苦雨的一生，金榜题名的这一天，似乎格外明亮、温暖。

春风得意的孟郊不会想到，自己在人世间行走五旬，艰难求仕，最终会得到溧阳尉这样一个小小的官职。

畅想着走马观花的孟郊也不会想到，他将接连经历辞官、丧子、丧母、暴疾等等命运的重拳，桩桩件件都让他痛彻心扉。

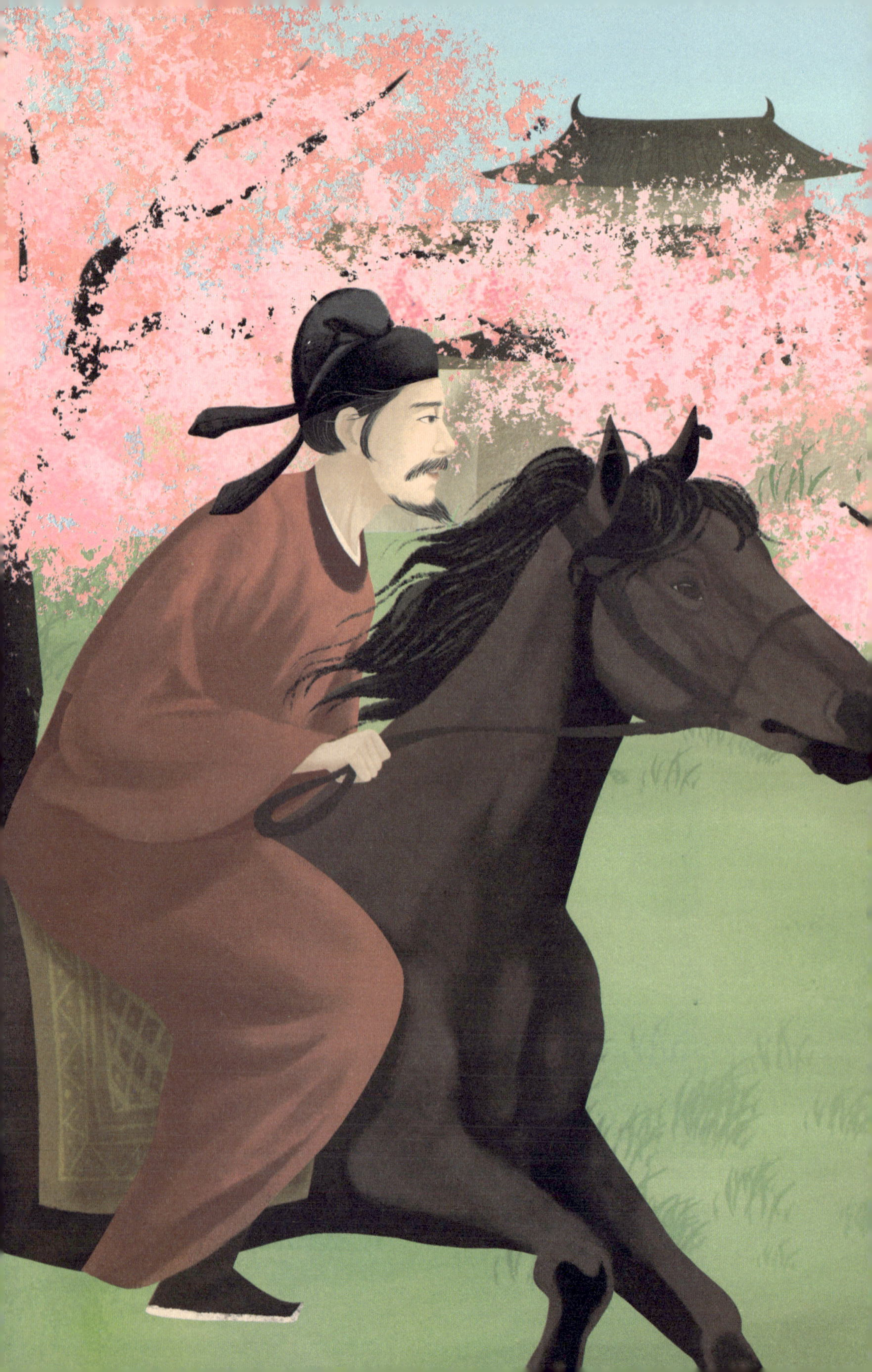

欧阳修曾这样评价孟郊的诗："孟郊贾岛，皆以诗穷至死，而平生尤自喜为穷苦之句。"的确，孟郊生活在一个民生凋敝、朝局昏暗、社会动荡的时代，目睹藩镇割据、宦官专权、边战连连，所见皆是百姓穷苦困顿的情形，所以大多数诗用词清冷，反映的都是当时贫穷饥寒之象。正因如此，《登科后》这首洋溢着喜悦、欢愉、得意的诗，就显得分外珍贵。

值得注意的是，除了"春风得意"，后人还从这首诗中总结出另一个典故：走马观花。人们曾用它形容得意或开心，后来多用它形容人学习或观察事物不细致，做事马虎。

用典课堂

典故关键词

金榜题名　功成名就　得意　欢愉　欣喜　快乐　意气风发

用典例句

◆ 肯学孟生夸**得意**，一日走遍**春风**前。
　　　　　　——宋◎释道潜《次韵法真禅师送曾敬之宣德昆仲》

◆ **走马看花**拂绿杨，曲江同赏牡丹香。
　　　　　　——宋◎杨万里《和同年李子西通判》

◆ 看取**长安得意**，莫恨**春风看尽**，花柳自蹉跎。
　　　　　　——宋◎辛弃疾《水调歌头·其八》

◆ 报道长安，梅边春色，早**趁东风掠马蹄**。
　　　　　　——宋◎任翔龙《沁园春·赠谈命许丈》

◆ 他见我**春风得意**长安道，因此上迎头儿将女婿招。
　　　　　　——元◎乔吉《金钱记》

◆ 至于列公，听这部书也不过逢场作戏，看这部书也不过**走马观花**。
　　　　　　——清◎文康《儿女英雄传》

望帝啼鹃

庄生晓梦迷蝴蝶,望帝春心托杜鹃

典故档案

典源

（杜宇）乃自立为蜀王,号曰望帝……望帝去时子规方鸣,故蜀人悲子规鸣而思望帝。

——《蜀王本纪》

很久以前,杜宇自立为蜀王,号为望帝。后来,杜宇认为自己的德行不如鳖（biē）灵,便将王位禅（shàn）让给他。杜宇离开时（另一种说法是杜宇化成了子规,子规也被称为杜鹃鸟）,蜀地的人们听到杜鹃鸟悲凉的啼叫声,感伤不已,十分想念他。

用法

①表达悲凄、思归的情绪。
②吟咏杜鹃鸟或蜀地的风物。

课本里的历史典故

故事乐园

李白的《蜀道难》中有一句"蚕丛及鱼凫，开国何茫然"，"蚕丛""鱼凫"就是古蜀国早期的两任国君。据《蜀王本纪》记载，在鱼凫之后，古蜀国的国君是杜宇。而杜宇出现得相当神奇：他从天而降，到了蜀地。几乎是同时，一名叫"利"的女子在井中出现，成了杜宇的妻子。

古蜀国的人们信奉神巫之说，对从天而降的杜宇和他的妻子恭敬有加。杜宇帮他们发展农业，让人们的生活越来越好。就这样，杜宇顺理成章地成为鱼凫的继任者。他自立为蜀王，号望帝。在位期间，他还不断拓展古蜀国的疆域。

杜宇治理蜀地一百多年（毕竟他是从天而降的神人），另一个关键人物——鳖灵——登场了。鳖灵本来是荆地（大致在今湖北省和湖南省一带）的人。他死后，尸体落入水中，荆人怎么找都没找到。他们压根就没想到，鳖灵的尸体竟然随着河流逆流而上，漂到了蜀国。更离奇的是，漂到蜀国的鳖灵竟然又活了过来。而且，活过来的鳖灵还和杜宇相遇了！

杜宇仔细询问了鳖灵一番，发现鳖灵在疏浚（jùn）河道、治理水患这些事情上很有经验。这正是杜宇需要的人才呀！蜀地重视农业生产，万一发生洪水，农作物肯定会减产。上天为蜀地送来鳖灵这样的治水能人，可不就是天佑蜀国吗？很快，杜宇就让鳖灵为相，帮忙处理国事。鳖灵也确实是个有才干的人，他东奔西跑，尽心竭力，做得相当出色。

一年，蜀地的玉山突然发了大洪水。放眼望去，天地之间一片苍茫，浊浪翻涌成片。房屋、人畜都被冲走了，死伤难以计数，原本整齐的农田全被淹没。人们几乎没有立足之处，幸存者号（háo）哭哀啼，痛苦至极。

杜宇忧心不已，四处奔走，尝试了许多办法，最终绝望地发现自己没有能力治理这场大洪水，为自己的子民化解这个困境。他深感羞愧，再一次想到了鳖灵。鳖灵没有让他失望，接到任命后，很快前往灾区治水。他花了不少心思分洪泄流，解救被困住的人。鳖灵又想了很多办法，逐渐让人们的生活回到了正轨。

鳖灵在外治理洪水时，杜宇和鳖灵的妻子发生了不正当的关系。杜宇心中特别惭愧，认为自己的能力与德行都比不上鳖灵，便效仿尧舜，将国君之位让给了鳖灵。由此，鳖灵就成了蜀国的新国君，号开明帝。

杜宇离开的时候，杜鹃鸟悲哀地啼鸣着，人们悲伤不已。自此之后，蜀人每每听到杜鹃鸟啼鸣，就会想起杜宇，悲伤痛惜之情涌上心头。

还有一些文献记载，杜宇去世后，化为杜鹃鸟。有人认为，杜宇并没有和鳖灵的妻子发生不正当的关系，也没有禅让，而是被鳖灵夺权了。杜宇化为悲啼的杜鹃鸟，也许是因为失国之痛和思归之心。

杜鹃鸟（子规）逐渐成为中国文学史上的经典意象之一。在它一声声的悲啼中，无数文人墨客感怀万千，用它书写亡国之痛，思念离去之人，抒发离别之愁，宣泄失意之怨，倾诉思乡之苦……

唐朝诗人李商隐写过一首极其难解的诗——《锦瑟》，在诗中就用了"望帝"和"杜鹃"：

>锦瑟无端五十弦，一弦一柱思华年。
>庄生晓梦迷蝴蝶，望帝春心托杜鹃。
>沧海月明珠有泪，蓝田日暖玉生烟。
>此情可待成追忆，只是当时已惘（wǎng）然。

千百年来，这首绝美而朦胧的诗引得不少人竞相解析。有人认为这是李商隐悼念亡妻之作，也有人认为这是李商隐追忆往昔的自伤之作……众说纷纭，莫衷一是。不如暂且放下那些猜测与追索，就从字面上好好欣赏这首诗吧！

李商隐无意间瞥见那绘着精美花纹的瑟，想着瑟为什么有五十弦呢？每一弦、每一柱似乎都会让自己情不自禁地追忆往昔。年华似水，往事如烟。那些美好的、悲伤的、温暖的、昏暗的往事，真的存在过吗？如今想来，简直如庄周梦蝶一般迷离虚缈。当年求的那些绮丽情思、高远志向，几乎都没有得到，不如像望帝那样化为杜鹃鸟，借一声声悲啼，尽情发泄内心的凄苦吧！明月高悬，笼着无垠沧海，照得鲛人泣下的明珠光彩熠（yì）熠，格外夺目。暖阳远照，蓝田的良玉生起若有似无的玉气。

这些瑰丽、奇幻又空灵的想象，是李商隐一生感受到的迷茫、怅惘、苦涩、寂寥、温暖、朦胧……李商隐一一细看，认真回味，生发出无限惆怅，恍惚意识到原来早在当年感受到这些情绪时，自己已经怅然迷惘了！

"一篇《锦瑟》解人难"，千百年来，哪怕人们读得懂每个字，读完《锦瑟》依旧会迷茫不已：李商隐到底想表达什么呢？或许，连李商隐自己都难以言说吧。如今，我们能感知到《锦瑟》朦胧的美、真挚的情，就足以告慰千年前那个敏感、细腻而执着的李商隐了。

用典课堂

典故关键词

离别　亡国　思归　杜鹃　杜宇　子规　蜀地　悲凄　哀伤

用典例句

◆ 中有一鸟名杜鹃，言是古时**蜀帝魂**。
　　　　　　　　——南朝宋◎鲍照《拟行路难十八首·其七》

◆ 古时杜宇称望帝，**魂作杜鹃**何微细。
　　　　　　　　——唐◎杜甫《杜鹃行》

◆ **蜀王**有**遗魄**，今在林中啼。
　　　　　　　　——唐◎李商隐《井泥四十韵》

◆ 叹**子规**、闲管昔人愁，**啼**成**血**。
　　　　　　　　——宋◎刘克庄《满江红·离别》

◆ 等他四下里皆瞧见，这就是咱苌弘化碧，**望帝啼鹃**。
　　　　　　　　——元◎关汉卿《窦娥冤》

◆ 千秋**杜宇**休**啼血**，万里苍梧合断魂。
　　　　　　　　——清◎黄景仁《灵泽夫人祠》

南冠楚囚

三年羁旅客，今日又南冠

典故档案

典源

晋侯观于军府，见钟仪，问之曰："南冠（guān）而絷（zhí）者，谁也？"有司对曰："郑人所献楚囚也。"
——《左传·成公九年》

钟仪原本是楚国人。后来，他成了俘虏，被郑国献给了晋国。一次，晋景公视察存放军用物品的仓库，看见钟仪，便问："那个带着南方头冠的被囚禁人是谁？"主管官吏回答："他是郑国献的楚国俘虏。"

用法

①形容身在异乡，思念故土。
②指代被囚禁的人。

故事乐园

鲁成公七年（公元前584年）秋天，楚国攻打郑国。一些诸侯国驰援郑国，楚军最终被包围了。郑国军队囚禁了楚国人钟仪，并将他献给晋国。晋国人将钟仪带回去，囚禁在专门储藏军用物品的仓库（即"军府"）中。

钟仪虽然被囚禁在晋地，却未曾有一刻忘记过楚国，一直思念着家乡的一草一木和亲朋好友。他始终戴着楚国常见的头冠，仿佛这样做，自己仍然还在故乡。

晋国在北方，楚国在南方。两个国家的衣物、头冠等都不太一样。晋国人称楚国人戴的头冠为"南冠"。在一众俘虏中，头戴南冠的钟仪格外与众不同。就这样，钟仪坚持了将近两年。

一天，晋景公视察军府，一眼就看到了头戴南冠的钟仪，便问："那个戴南冠的被囚禁的，是什么人？"负责看管俘虏的官员回答："是郑国献的楚国俘虏。"

晋景公想了想，让人放了钟仪，并且召见了他。钟仪来到晋景公面前，恭敬地行了礼。这时，晋景公问："你的族人在楚国是做什么的呢？"钟仪回道："是乐官。"晋景公一听，顿时来了兴趣，好奇地问："你能演奏音乐吗？"钟仪不假思索地答道："这是家族世代相传的事业，我怎么能不会呢？"

于是，晋景公当即让身边的人拿来一张琴，让钟仪演奏。钟仪看着眼前的琴，思绪翻涌，情思难抑。微微颤抖的双手按上琴弦的一刻，他仿佛又回到了楚国，开始尽情演奏自己喜爱的曲子，在琴音中回想着楚国壮美的山水、曾与自己载歌载舞的亲朋故旧。故国之思如冲天巨浪奔涌在钟仪的心胸，被他化作缠绵的楚调南音，时而激昂，时而哀婉。

晋景公听着琴音，似乎也感受到了钟仪的思归之心，便想知道楚国的国君是如何对待百姓的，于是又问："你们的国君是个什么样子的人？"钟仪想了想，很快回答："我并不清楚国君的事情，那不是我能知道的。"

晋景公并不信钟仪这番话，再三询问，想打听出更多细节。钟仪苦思冥想，搜肠刮肚，终于想到了一些可以说的细节，说："国君在做太子的时候，老师们尽心竭力地教导他。他早上要向令尹婴齐请教,晚上要向公子侧请教。其他事情,我就真的不知道了。"

晋景公转头将这番话说给大夫范文子听。范文子听完,大声赞叹说:"这个楚国俘虏是个真正的君子呀!他报上先人的职业,这是不忘本;弹故国的琴曲,这是不忘旧;说楚国国君做太子时候的事,这是不因国君如今位高权重而阿谀奉承,没有私心;提到那两位大臣的名,是尊重君王。不忘本是仁,不忘旧是守信,无私是忠,尊君是敏。这样的人不管做什么,都会成功的。您为何不放他回去,促进晋国和楚国友好交往呢?"

晋景公同意了,对钟仪礼遇有加,最终放他回了楚国。就这样,钟仪回到了自己朝思暮想的故土。

后来,"南冠"逐渐成为文人墨客寄托乡思或表达幽囚之苦的意象之一。两千多年后,清兵大举入关,占领了大明疆域,腐朽不堪的晚明走向灭亡。天才少年夏完淳在父亲夏允彝（yí）和老师陈子龙的影响下，十四岁就积极参加抗清运动，渴望恢复大明江山。夏完淳冒着危险，数年间辗转各地，最终还是被清政府抓捕了。

公元1647年，夏完淳被押解至南京受审。可能是在临行前，夏完淳已经预知到自己成为"南冠楚囚"，再也回不到故乡松江（古称"云间"）了，因而愈发痛恨那些占领大明国土的清人，一时间悲愤交加，写下了一首字字皆血泪的诗——《别云间》：

> 三年羁旅客，今日又南冠。
> 无限山河泪，谁言天地宽。
> 已知泉路近，欲别故乡难。
> 毅魄归来日，灵旗空际看。

过去三年，自己为了抗清，在各地辗转漂泊，不承想今日成了阶下囚。昔日秀美的河山破碎，国土沦丧，无数国人痛哭流涕，谁还敢说天宽地阔呢？我已经预料

抒情

自己即将走到生命的尽头，可是和故乡永别实在不是易事。只盼着我魂归故里的那天，那时，我一定会在空中看着志同道合的人继续抗击清军，收复国土。

对心志坚定的夏完淳而言，漂泊他乡，居无定所，不算苦；被俘，被囚，甚至被杀，也不算苦。或许踏上抗清前线的第一天起，他就做好了慷慨赴死的准备。只是写下《别云间》时，他内心肯定充满了壮志未酬的遗憾——山河依旧破碎，国土尚未收复，而自己却无法再为它的美丽与完满贡献更多了。

明朝末年，有人爱国深切，奋起反抗，不愿变节，以身殉国；有人奋起反抗，方知无法对抗时代大势，为保全家小与自身性命，投身清廷；有人痛心于晚明的腐朽，自知无力反抗，隐居山野，不问世事……

不满二十岁的夏完淳选择奋起反抗，以身殉国。壮志未酬又如何？无论何时，总有忠肝义胆、气节长存的人，他们在民族危亡之际奋起反抗，举身赴死，只为挽救同胞于万一。他们前赴后继，浴火向前，最终化作不屈的脊梁，撑着华夏儿女挺直腰背，铁骨铮（zhēng）铮地行走在这天地间！

用典课堂

典故关键词

恋土　思归　爱国　守节　囚犯　俘虏　故乡　故国

用典例句

◆ 犹持汉使节，尚服**楚臣冠**。
　　　　　　　——北周◎王褒《赠周处士》

◆ 自悯秦冤痛，谁怜**楚奏**哀？
　　　　　　　——唐◎骆宾王《幽絷书情通简知己》

◆ **钟仪琴**未奏，苏武节犹新。
　　　　　　　——唐◎杨炯《和刘长史答十九兄》

◆ 北阙圣人歌太康，**南冠君子**窜遐荒。
　　　　　　　——唐◎李白《流夜郎闻酺不预》

◆ 风流贺监常吴语，憔悴**钟仪**独**楚音**。
　　　　　　　——宋◎苏轼《又次韵二守同访新居二首·其二》

◆ 怜我**南冠**如**楚囚**，落笔衮衮不肯休。
　　　　　　　——宋◎周紫芝《次韵黄梦及见寄》

黍离之悲

千岩老人以为有黍离之悲也

典故档案

典源

《黍离》,闵(mǐn)宗周也。周大夫行役,至于宗周,过故宗庙宫室,尽为禾黍,闵周室之颠覆,彷徨(pánghuáng)不忍去,而作是诗也。

——《毛诗序》

周幽王昏庸无能,痛失西周。因都城镐(hào)京(也称"宗周",在今陕西省西安市长安区西北)残破不堪,且受外族威胁,周幽王的儿子周平王将国都东迁至雒(luò)邑(在今河南省洛阳市东北),史称东周。后来,一位大夫回到故都,见昔日的宗庙宫殿早已荒废颓败,长满了庄稼,不由得哀叹周王室的兴衰与动荡,彷徨无措,久久不忍离去,因而写下了《黍离》这首诗。

用法

代指家国兴亡之思,用以吊古伤怀或心忧家国之乱。

抒情

故事乐园

历史上那个"烽火戏诸侯"的昏君——周幽王，为政之昏庸简直家喻户晓。周幽王执政时，周朝已经日渐衰颓，对诸侯的影响力大不如前了。可他却丝毫不在意，只顾享乐，还任用奸臣，横征暴敛，弄得民怨沸腾。周幽王甚至不顾礼法，无故废掉了王后申氏和太子，立宠妃褒姒为后，让褒姒的儿子当太子。

无缘无故就废黜王后与太子，这不就是在挑战那些公卿士大夫格外看重的规矩和秩序吗？身为国君，周幽王本该以身作则，按照祖先制定的礼法与制度规行矩步，可他行事荒唐至此，无疑会引起很多人的不满。

其中，对周幽王怨恨最深的，估计就是申后的父亲申侯。女儿、外孙无端被废，申侯以及他背后的家族如何能咽得下这口气呢？不久之后，申侯便暗中联合缯（zēng）国（周王室分封的诸侯国之一）与西夷犬戎（róng），里应外合进攻镐京，在骊（lí）山（在今陕西省西安市）杀死了周幽王。犬戎是当时的少数民族部落，生活在周朝西北边。他们趁机抢走了很多财宝，才慢慢离开。

之后，申侯和其他诸侯一起立自己的外孙为王，周王朝又一次迎来了新的君主——周平王。周平王即位后，日子并不好过。国力本就衰微，西北边的犬戎还虎视眈眈，都城附近的地区早些年经历过地震，不久前还饱经战火……如此种种，让心力交瘁的周平王做了一个决定——迁都。

周平王下令将都城从宗周向东迁到雒邑。从地理位置上来看，宗周在西，雒邑在东，后人便以周平王继位为分界线，将周王朝分为西周和东周。

也许东迁之后没几年，一位大夫因公务出行，经过宗周，因而想去看一看先前的宗庙宫殿。他循着旧日的记忆辗转找到那里，缓步其间，发现那些精美华丽的宗庙宫殿早已残破不堪，到处都是断壁残垣（yuán），丝毫不见往昔繁华富丽的模样！

寒风掠过旷野，穿过破碎的砖瓦，砸在他冰冷的脸庞上。在他眼前，一大片黍和稷（古代的粮食作物）正肆意生长，一行行排列得十分整齐，郁郁葱葱，随风摇摆。

这一派生机勃勃的气象，将那些断壁残垣映衬得更加沧桑了。

这位大夫一时间有些彷徨，久久伫立在旷野之上，不忍离去。故国的衰亡固然让人心痛；或许更让他意难平的，是新朝的衰微、诸侯的崛起。礼已崩，乐已坏，诸侯们不再像之前那样尊敬周天子了。

他轻轻抚过黍和稷的叶子，苍凉的风肆意撕扯着他的叹息。在无可名状的悲寂中，他作了一首诗——《黍离》：

彼黍离离，彼稷之苗。行迈靡靡，中心摇摇。知我者，谓我心忧；不知我者，谓我何求。悠悠苍天，此何人哉？

彼黍离离，彼稷之穗。行迈靡靡，中心如醉。知我者，谓我心忧；不知我者，谓我何求。悠悠苍天，此何人哉？

彼黍离离，彼稷之实。行迈靡靡，中心如噎（yē）。知我者，谓我心忧；不知我者，谓我何求。悠悠苍天，此何人哉？

相似的字句重叠、回环，反复吟唱，不知不觉间让后世之人体验到那位大夫愈发沉郁的心情：

一行行黍长得多好呀，稷苗也长得生机勃勃。我缓缓走在故土之上，心中满是忧伤。了解我的人，知道我为何忧伤；不了解我的人，好奇地问我到底要什么。既高又远的苍天哪，到底是谁害得我们抛却了故土呢？

一行行黍长得多好呀，稷已经长出穗了。我缓缓走在故土之上，像个醉汉一样。了解我的人，知道我为何忧伤；不了解我的人，好奇地问我到底要什么。既高又远的苍天哪，到底是谁害得我们抛却了故土呢？

一行行黍长得多好呀，稷的穗粒要成熟了。我缓缓走在故土之上，心胸堵塞，愈发痛苦。了解我的人，知道我为何忧伤；不了解我的人，好奇地问我到底要什么。既高又远的苍天哪，到底是谁害得我们抛却了故土呢？

抒情

正因为这位大夫对故土的爱深沉而真挚,他的亡国之叹、兴亡之思才会如此直击人心。此后,朝代更迭不断,不少人眼含热泪,望着衰颓的家国、战后的废墟,反复吟唱着黍离之悲,曲曲悲切。其中,南宋词人姜夔的《扬州慢》,更是震古烁今:

淳熙丙申至日,予(yú)过维扬。夜雪初霁(jì),荠(jì)麦弥望。入其城则四顾萧条,寒水自碧。暮色渐起,戍角悲吟。予怀怆然,感慨今昔,因自度此曲。千岩老人以为有黍离之悲也。

淮左名都,竹西佳处,解鞍(ān)少驻初程。过春风十里,尽荠麦青青。自胡马窥江去后,废池乔木,犹厌言兵。渐黄昏,清角吹寒,都在空城。　杜郎俊赏,算而今,重到须惊。纵豆蔻(kòu)词工,青楼梦好,难赋深情。二十四桥仍在,波心荡,冷月无声。念桥边红药,年年知为谁生?

宋孝宗淳熙三年是公元1176年。二十出头的姜夔沿江东下，在冬至这一天经过扬州。彼时，夜雪刚停，入目皆是青青的野麦。他进入扬州城，解下马鞍短暂地停留了一下，发现城内一片萧条，河水冰冷发绿。天色渐渐暗下来，空荡荡的城中忽然响起了一阵号角声，听着格外凄凉。

扬州怎么会破败至此呢？朝廷怎么会软弱至此？昔盛今衰的对比实在太过强烈，以至于让姜夔震惊之余，又悲怆不已。

隋唐以来，扬州商贸发达，可是著名的都会呀！它曾有名胜竹西亭，房屋鳞次栉（zhì）比，十里长街繁华无比，人声嘈杂。可遭金兵洗劫后，就只剩下废弃池台、沧桑古树，连它们都不愿再提及战争了。黄昏日暮，号角一声赛一声凄凉，吹出的寒气似乎都弥漫在这座残破城池上空了。

唐朝诗人杜牧曾在扬州居住过数年，也曾畅游扬州。在他笔下，富庶的扬州景美人更美，比如"娉（pīng）娉袅袅十三余，豆蔻梢头二月初"，比如"春风十里扬州路，卷上珠帘总不如"，比如"二十四桥明月夜，玉人何处教吹箫"……

要是他能重回扬州,见到此情此景,不知该有多么震惊!纵使他用多么精巧的诗词,也写不出此刻哀痛至极的心情。当年的二十四桥如今仍在,桥下水波微漾,在清冷月色笼罩之下,整座城显得安静极了。只是那桥边的红芍药,年年都在为谁热烈地盛放?

姜夔感怀万千,便自创了这支新曲《扬州慢》。姜夔的老师萧德藻(号千岩老人)读完这首词后,认为它满是《黍离》的悲思。的确,那时南宋朝廷偏安一隅,主和派官员不愿还击金兵,大片国土沦丧,哪里还有往日的繁华景象呢?从西周到南宋,昔盛今衰之比、家国兴亡之思、悲怆凄凉之感,跨越漫长的时光,终究亘古不变!

用典课堂

典故关键词

吊古伤怀　亡国　兴衰　朝代更迭　故国之思　战乱

用典例句

◆ 叹《**黍离**》之愍周兮，悲《**麦秀**》于殷墟。
　　　　　　　　——魏晋◎向秀《思旧赋》

◆ **黍稷**闻兴叹，琼瑶畏见投。
　　　　　　　　——唐◎武元衡《和杨弘微春日曲江南望》

◆ 松楸远近千官冢，**禾黍**高低六代宫。
　　　　　　　　——唐◎许浑《金陵怀古》

◆ 梦绕神州路。怅秋风、连营画角，**故宫离黍**。
　　　　　　　　——宋◎张元幹《贺新郎·送胡邦衡待制赴新州》

◆ 长安日远。怅**旧国禾宫**，故侯瓜畹。
　　　　　　　　——宋◎马廷鸾《齐天乐·和张龙山寿词》

◆ 谁怜去国孤臣远，**禾黍兴悲**几涕涟。
　　　　　　　　——明◎张家玉《忆昔燕畿之变》

尼父叹逝川

逝者如斯夫，不舍昼夜

典故档案

典源

子在川上曰："逝者如斯夫（fú），不舍昼夜。"
——《论语·子罕》

孔子站在河边，望着河水奔流不息，不禁发出感叹："逝去的一切就像河水奔流，昼夜不停。"

用法

①感叹光阴流逝，抒发世事变迁的感慨。
②劝诫人们学习流水不停向前奔流的精神，积极进取，勤勉学习。

课本里的历史典故

故事乐园

两千多年前的一天,孔子站在一条河边。河流弯弯曲曲,河水向前奔流,一刻也不停。孔子望着眼前奔流的河水、激荡的水花,沉默不语。忽然,孔子发自内心地感叹:

逝者如斯夫,不舍昼夜。

这一叹,宛如绝美的诗篇,载着孔子深思的灵魂,叹进了不少人的心坎里。他们吟咏,深思,讨论,引经据典,企图用自己的灵魂触碰孔圣人的灵魂:川上之叹,叹的究竟是什么呢?

徐子就曾疑惑过:孔子为什么多次称赞水呢?他看重水的哪一点呢?孟子解释说:"水从源头流出,滚滚向前,奔流不息,日夜不停。注满低洼之地后,它继续向前,汇入大河,最终汇入大海……"

在孟子看来,孔子看到水从源头流出,向前奔流不息的自然现象,想到君子本应如此,有自己的本源,坚守自己的道义，积极进取，勤勉不停，因此孔子这一叹是积极的。

此后，秦汉的儒学家们解释川上之叹的说法，大多如此：用水的各种特点比喻人的各种品德，也就是以水比德。比如，西汉大儒董仲舒在其著作《春秋繁露》里明确解释了孔子这一叹的意思：

水从源头流出，日夜奔流不停，就像很有毅力的人；注满低洼的地方之后再继续奔流，就像维持公平的人；由高向低流淌，不留间隙，就像明察秋毫的人；奔流万里而不迷失方向，一定会到目的地，就像聪慧的人；被堤坝阻拦后变得干净，就像理解天命的人；将不干净的东西冲洗干净，就像擅长教化的人；毫不犹豫流入深涧中，就像勇敢的人；能灭火，就像威严的人；万物生存都需要它，就像有仁德的人。孔子站在河边，感叹："逝去的一切就像河水奔流，昼夜不停。"意思就是如此吧。

从东汉末年到魏晋南北朝，社会动荡，战乱频繁。门阀贵族为了权力和利益斗得你死我活，老百姓朝不保夕，死伤众多，整个社会都弥漫着悲伤的气息。

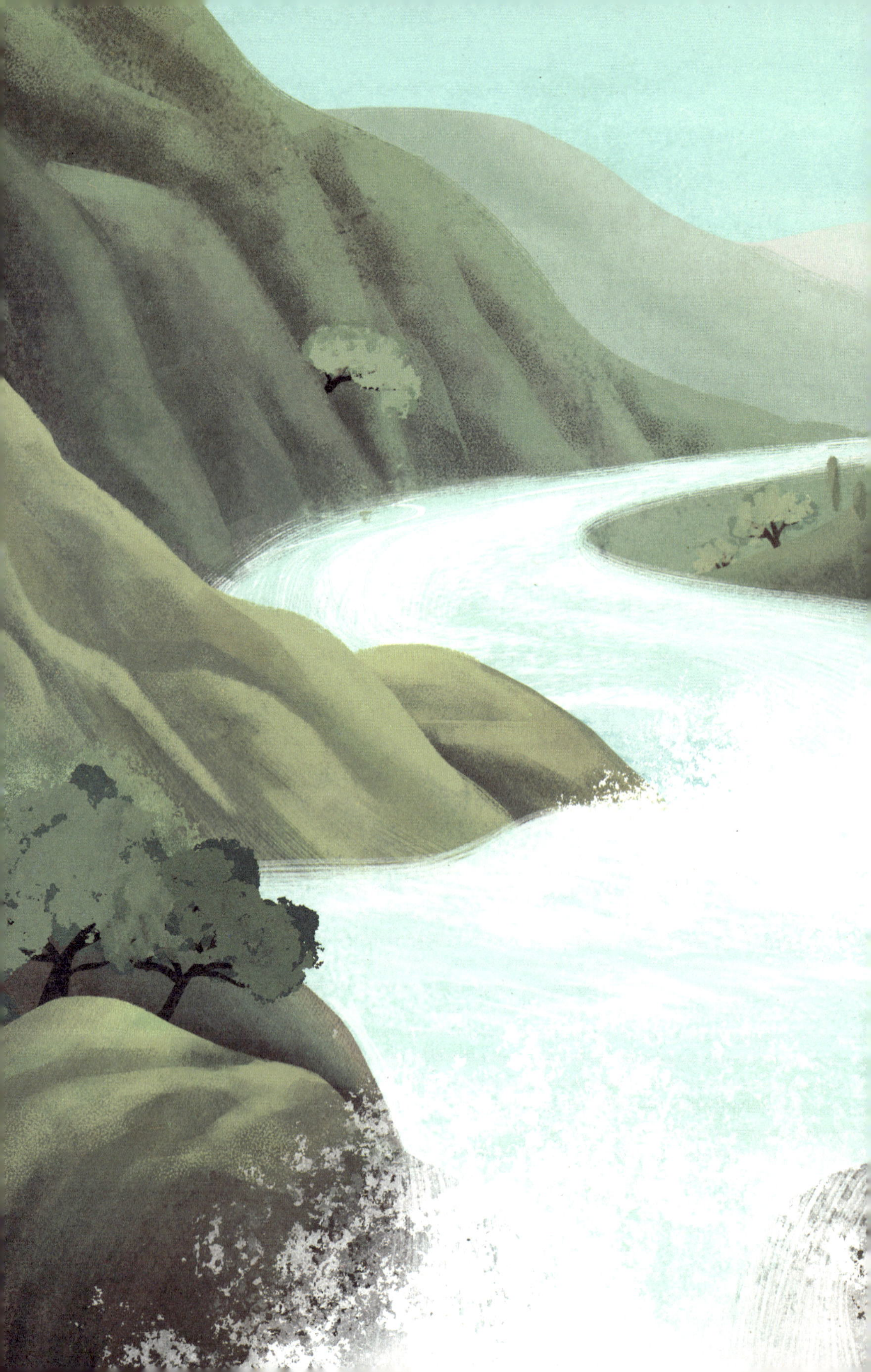

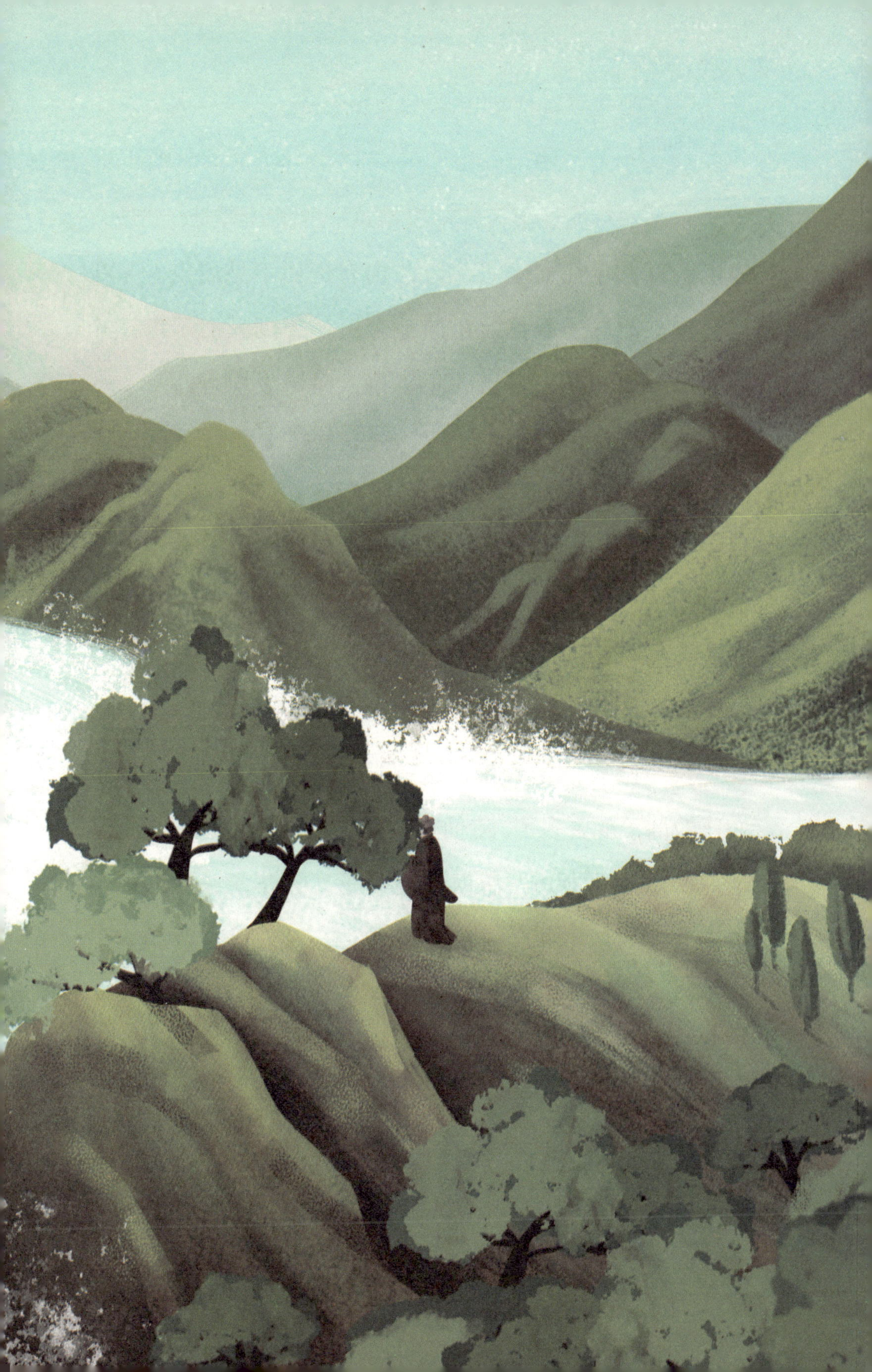

东汉末年的经学大师郑玄给这一叹的注释是:"逝,往也。言人年往如水之流行,伤有道而不见用也。"在郑玄看来,孔子看见河水向前奔流,想到人活于世,光阴如水一般流逝,自己壮年不再,而毕生推行的仁政却并未施行于天下,因而有了这感伤一叹。

郑玄将"逝者"与光阴流逝联系在一起了。这样的解释,正巧击中内心早已千疮百孔的魏晋南北朝的文人。他们在诗文中将它与光阴流逝、人逝去等联系起来,比如"离会虽相杂,逝川岂往复""冉冉三光驰,逝者一何速""感朝露,悲人生,逝者若斯安得停"……

及至隋唐,化用孔子这一叹来感怀光阴易逝、世事变迁的例子就更多了。诗仙李白就曾在《古风五十九首·其十一》中用"逝川"感叹流光易逝,年华老去:"逝川与流光,飘忽不相待。春容舍我去,秋发已衰改。人生非寒松,年貌岂长在。"

到了宋明,儒学家绕开"伤逝"这一消极的阐释,将川上之叹与勤学不辍(chuò)联系起来,让这一叹再度积极向上。

抒情

比如，著名学者朱熹在《四书章句集注》中解释这一叹，认为天地万物都遵循一个共同的规律：过去的（或逝去的），都过去了，总有后来者接续上，这样的变化没有一刻停止过，河水奔流不息，正是这一规律显而易见的体现。所以，孔子这一叹，是在劝诫后世求学者"时时省（xǐng）察"，勤学不辍，不可断止。

解释川上之叹，并未止于朱熹。明清之际的诸多学者，如王阳明、顾炎武、王夫之等，也都尝试过，说法各不相同，但差不多都认为孔子以此劝诫后人遵循天道，自强不息。

两千多年的时光如流水一般过去了，这短短九个字却依旧美如诗篇。孔子轻轻一叹，留给后人一个浩瀚无垠的空间，让后人反复吟咏，深思，讨论，引经据典，最终照见自己。不知此刻读到这里的你，又会如何解读这一叹的灵魂，照见怎样的自己呢？

用典课堂

典故关键词

感时叹世　时间流逝　惜时　世事变迁
积极进取　求学不止

用典例句

◆ 孔圣临长川，惜逝忽若浮。
　　　　　　——三国魏◎阮籍《咏怀八十二首·其三十二》

◆ 临川感流以叹逝兮，登山怀远而悼近。
　　　　　　——西晋◎潘岳《秋兴赋》

◆ 叹息追古人，临风伤逝波。
　　　　　　——唐◎鲍溶《经旧游》

◆ 逝者如斯，而未尝往也；盈虚者如彼，而卒莫消长也。
　　　　　　——宋◎苏轼《赤壁赋》

◆ 尼父叹逝川，匪惜岁月流。
　　　　　　——元◎方回《西斋秋感二十首·其二》

◆ 临川徒作孔尼叹，论水且续庄生篇。
　　　　　　——清◎黄景仁《夜闻新安江声》

庄周梦蝶

庄生晓梦迷蝴蝶,望帝春心托杜鹃

典故档案

典源

昔者庄周梦为蝴蝶,栩(xǔ)栩然蝴蝶也。自喻适志与!不知周也。俄然觉(jiào),则蘧(qú)蘧然周也。不知周之梦为蝴蝶与?蝴蝶之梦为周与?

——《庄子·齐物论》

从前,庄周(庄子,名周,也称庄周)梦到自己变成了蝴蝶,翩然飞舞,欢喜愉悦,逍遥自在。在梦中,他并不知道自己就是庄周。忽然间醒来,才反应过来自己是庄周,不是蝴蝶。不知道究竟是庄周梦到自己变成了蝴蝶呢?还是蝴蝶梦到自己变成了庄周呢?

用法

①表达人生虚幻,变化无常。
②吟咏梦境或蝴蝶。

故事乐园

两千多年前的一天，庄周睡着了。他睡得很香，还做了一个奇特而迷幻的梦——他梦到自己变成了一只翩翩飞舞的蝴蝶！

庄周变成蝴蝶之后，发现身体轻盈，一下子没了很多束缚，可以自由随性地飞来飞去。庄周快乐极了，甚至忘了自己在做梦，忘记了自己原本是个人，忘记了自己叫庄周。

可惜美梦短暂，庄周不一会儿就醒过来了。他缓了一会儿才清醒：自己分明是一个叫作庄周的人，刚才做了一个变成蝴蝶的美梦。

他还记得化蝶飞舞的自由与快乐，那么清晰，仿佛自己曾经真的变成了蝴蝶。那样无拘无束的自由与快乐牢牢占据了他的脑海，让他久久没能回神。之后，他怅然若失地看看身边的一切，又认真地看看自己，心中产生了一个巨大的疑问：

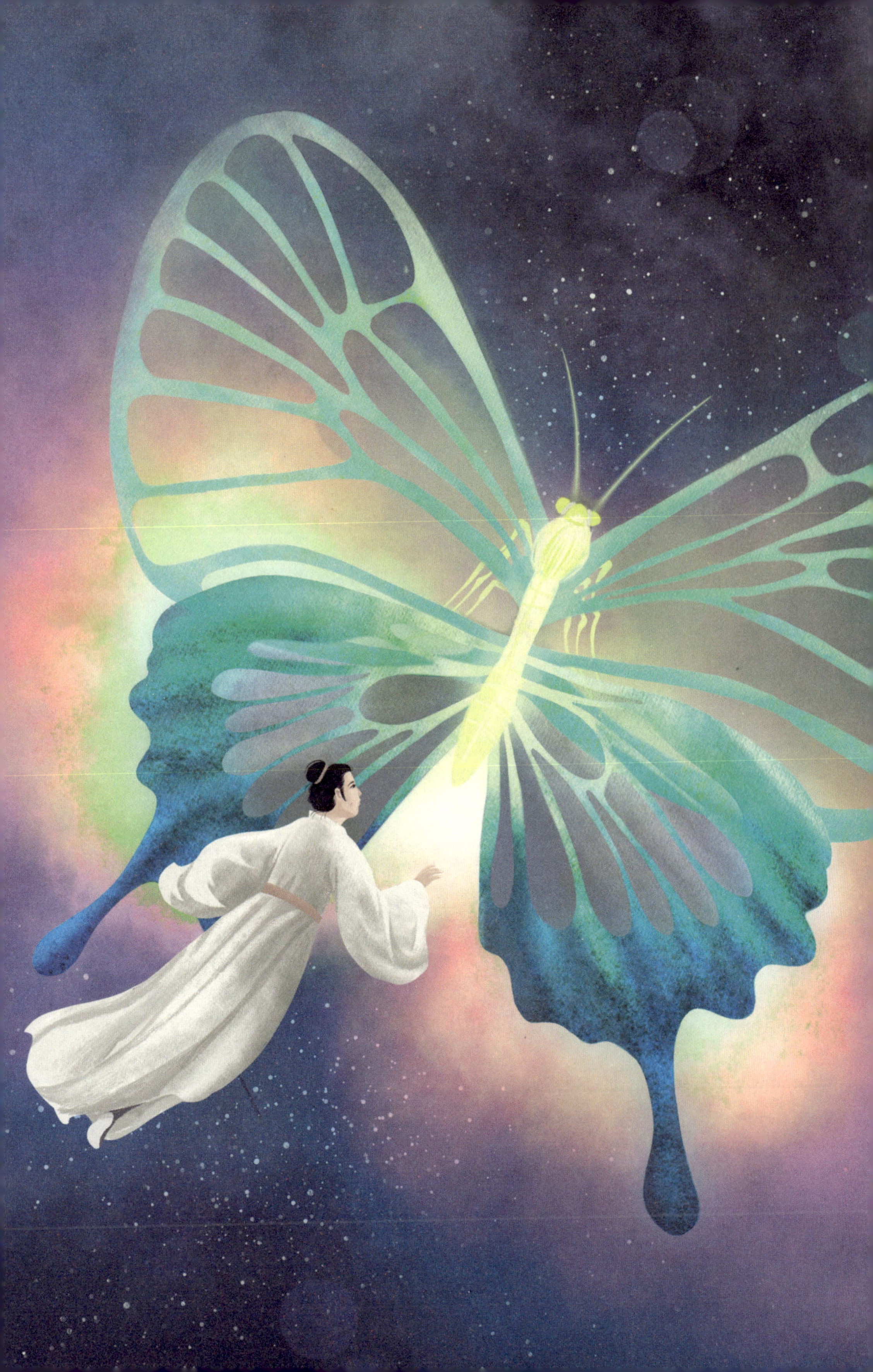

课本里的历史典故

不知周之梦为蝴蝶与？蝴蝶之梦为周与？

刚才的那一切，真的是庄周在做梦，梦见自己变成了一只蝴蝶吗？还是说，现在所谓醒来的时刻才是在做梦，而这个梦，是一只蝴蝶梦见自己变成了庄周？

究竟是庄周梦蝶，还是蝶梦庄周？庄周和蝴蝶，哪个才是真正的自己？庄周所在的世界是真实的，还是蝴蝶所在的"世界"是真实的？庄周与蝴蝶必然有区别，那区分真实和虚幻的界限又在哪里呢？

庄周没有给后人留下答案。他一生渴求逍遥自在，会做这样一个充满奇幻色彩的梦，似乎是自然而然的事情。在他看来，人应当放下是非、区别的成见，完全打开自己的心灵，达到忘我的境界，便可不受外界干扰，从而让自己与自然万物融为一体。

蝴蝶在自然万物中，美丽，轻盈，扇动小小的翅膀，乘风而上，便可飞越险川与湍流，俯瞰万里河山，追逐雾霭（ǎi）流云。这不正是庄子心之所向吗？

也许庄周放下某些执念与成见之后，豁然开朗，自觉又挣脱了人世间的一些束缚，因而畅意自得，在梦中变成了美丽的蝴蝶，翩然起舞，肆意逍遥。蝴蝶与作为人的庄子，本来是大千世界中不同的物种，却在梦境之中，或者说在庄子的忘我境界中，得以转化，消除了彼此的差别！这是一种玄之又玄的境界与体验。或许没有丰富的人生阅历，很难体验到；又或许心有万物、天真至纯的人可以轻而易举地与庄子共鸣，也梦一回蝴蝶。

  庄周梦中的蝴蝶，两千多年间从未停止飞舞。它扇动小小的翅膀，飞进每一个渴望逍遥自在的梦里。

  唐朝诗人李商隐的"庄生晓梦迷蝴蝶"，迷离，虚幻，朦胧，而又瑰丽，让人读之不忘。在现实世界里，李商隐仕途不顺，处处受挫，辗转飘零半生，依旧壮志难酬。或许他将自己一生的迷离与茫然都托付给那只来自遥远战国的蝴蝶了，希望它带自己飞越人生的迷雾，望一望自己求而不得的一生究竟是何模样；也希望它给自己一个答案：是那求而不得的一生为虚妄？还是这坎坷苦痛的一生为虚妄呢？

李商隐之后，抬头仰望那只蝴蝶的人比比皆是，里面有一位大家非常熟悉的词人——辛弃疾。他曾在《念奴娇·和赵国兴知录韵》中写过"怎得身似庄周，梦中蝴蝶，花底人间世"。

这首词大约写于庆元三年（公元1197年），那时辛弃疾已经年近六十，在宦海几度浮沉后再次被罢官，闲居乡野。某日大醉，辛弃疾醉醺醺地行在春日胜景中，松苍竹碧，更令他醉。他忽然希望自己也能化作庄周梦中那只蝴蝶，逍遥自在地畅游花丛，将那花底当作"人间世"。

在现实的人间世中，辛弃疾力主抗金，渴望收复河山，奈何总被主和派打压，平白蹉跎数十载。自己的"春光"早已流逝，收复国土的理想遥远得如同天际那一轮明月，行至暮年的辛弃疾如何不悲？如何不痛？如何不落寞？世事无常，他也只能借酒浇愁，在醉梦中做一回蝴蝶，稍稍解脱吧！

抒情

　　回望两千多年前，庄子依旧静静地在那里思考。不知他梦过的蝴蝶，是否曾带着他穿越时空，入过后世之人化蝶的梦？

用典课堂

典故关键词

感时叹世　世事无常　梦幻和现实　虚幻　虚无缥缈

用典例句

◆ 庄周梦蝴蝶，蝴蝶为庄周。一体更变易，万事良悠悠。
　　　　　　——唐◎李白《古风五十九首·其九》

◆ 鹿疑郑相终难辨，蝶化庄生讵可知。
　　　　　　——唐◎白居易《疑梦二首·其二》

◆ 枕寒庄蝶去，窗冷胤萤销。
　　　　　　——唐◎李商隐《秋日晚思》

◆ 忽忽枕前蝴蝶梦，悠悠觉后利名尘。
　　　　　　——唐末五代◎齐己《感时》

◆ 化蝶飞时嗟昨梦，睡蛇去后喜安眠。
　　　　　　——宋◎陆游《晚起二首·其一》

◆ 三生蝶化南华梦。只有情缘重。曲阑幽径小帘栊。好共扫眉才子管春风。
　　　　　　——金◎元好问《虞美人·其二》

烂柯人

怀旧空吟闻笛赋，到乡翻似烂柯人

典故档案

典源

信安郡石室山，晋时王质伐木至，见童子数人棋而歌，质因听之。童子以一物与质，如枣核。质含之，不觉饥。俄顷，童子谓曰："何不去？"质起视，斧柯烂尽。既归，无复时人。

——《述异记》

晋朝的王质去石室山里砍柴，见到几个小孩子一边下棋，一边唱歌，于是就站在一旁听起来。一个小孩子将一枚像枣核的东西给王质，王质将它含在嘴里，一点也不觉得饿。过了一会儿，小孩子问王质："你怎么还不离开？"王质这才反应过来，起身一看，发现自己的斧柄已经腐烂了。他回到村子，发现已经过去了很多年，和他同时代的人都已经不在了。

用法

①指代离开家乡很久的人或经历过各种世事变迁的人。
②形容时光漫长。

课本里的历史典故

故事乐园

相传晋朝有一个叫王质的人，以砍柴为生。一天，他沿着常走的路进入石室山砍柴。走了一会儿，王质忽然觉得眼前的景色与平时所见的不太相同，不禁十分好奇。他仗着自己熟悉山中环境，便大胆地继续走了下去。

走了没多久，王质惊讶地发现身边的风景全都变了，顿时慌了神，四处乱窜，想找到回去的路。他像没头苍蝇似的，四处乱撞，慌乱间拨开了身前的灌木丛，发现前方有几个小孩子在下棋！

深山老林里怎么会有小孩子呢？还在下棋？王质越想越奇怪，慢慢靠近，忽然听到小孩子在唱歌谣，歌谣曲调活泼欢快，歌声清脆悦耳。他从未听过这么好听的歌，越走越慢，见那些小孩子好像完全不在意自己的存在，便干脆将斧头随手放在地上，站在一边，静心听起来，还时不时地看一看棋局。

那些小孩子仿佛真的没注意到王质，照旧下棋、唱歌，不亦乐乎。过了一会儿，歌声稍停，一个小孩子将一枚像枣核的东西递给王质,让他含在嘴里。王质这才缓过神来,猛然间觉得自己又饥又渴,赶忙将它放入口中。神奇的是,王质竟然很快就不饿不渴了,甚至感觉身心轻快,十分愉悦。

那些小孩子继续唱歌,下棋。歌声复起,棋局重开,王质跟随歌声恍惚间走过江河湖海、山川平地,见过海中仙山、水中猛兽、仙人异禽、宝殿华屋、上古圣贤、今时权贵,无一不有。那棋局也很神奇,王质看那黑白子你来我往,千万年间的风雨变幻、人世浮沉仿佛在他眼前一一掠过。歌声不绝,落子不停,王质心神难回,飘然荡于宇宙四方,不知到了何处。

又过了一会儿,王质察觉到歌声消失了,悠悠醒来。恍惚难辨之时,一个小孩子侧身问王质:"你怎么还不离开?"

闻言,王质陡(dǒu)然清醒,想起自己今天是来砍柴的,但到现在连一根树枝都没砍呢!他连连道谢,起身告辞,到处寻自己的斧头。他见到斧头时,忍不住大惊失色——他的斧柄已经全部腐烂了!

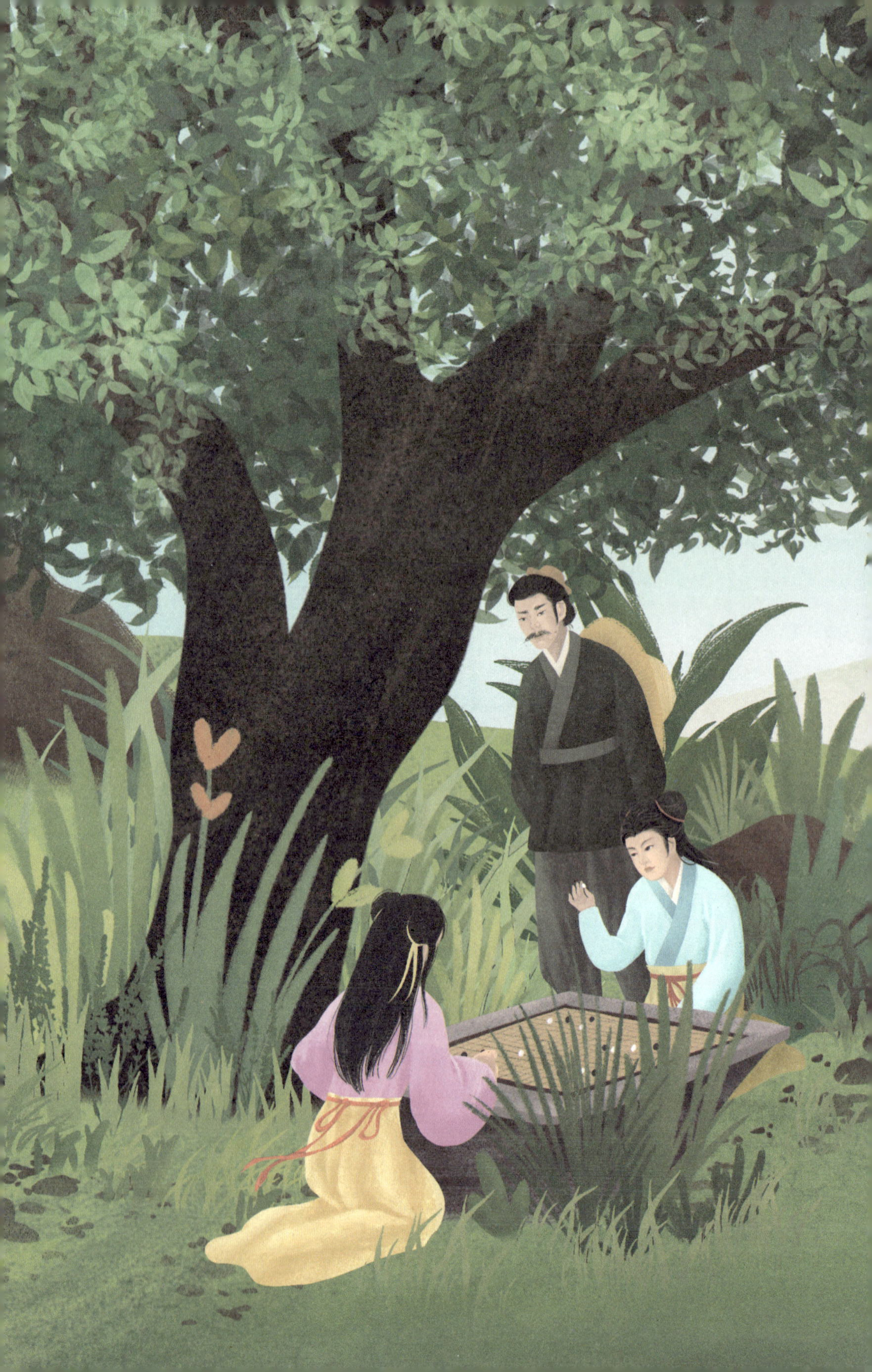

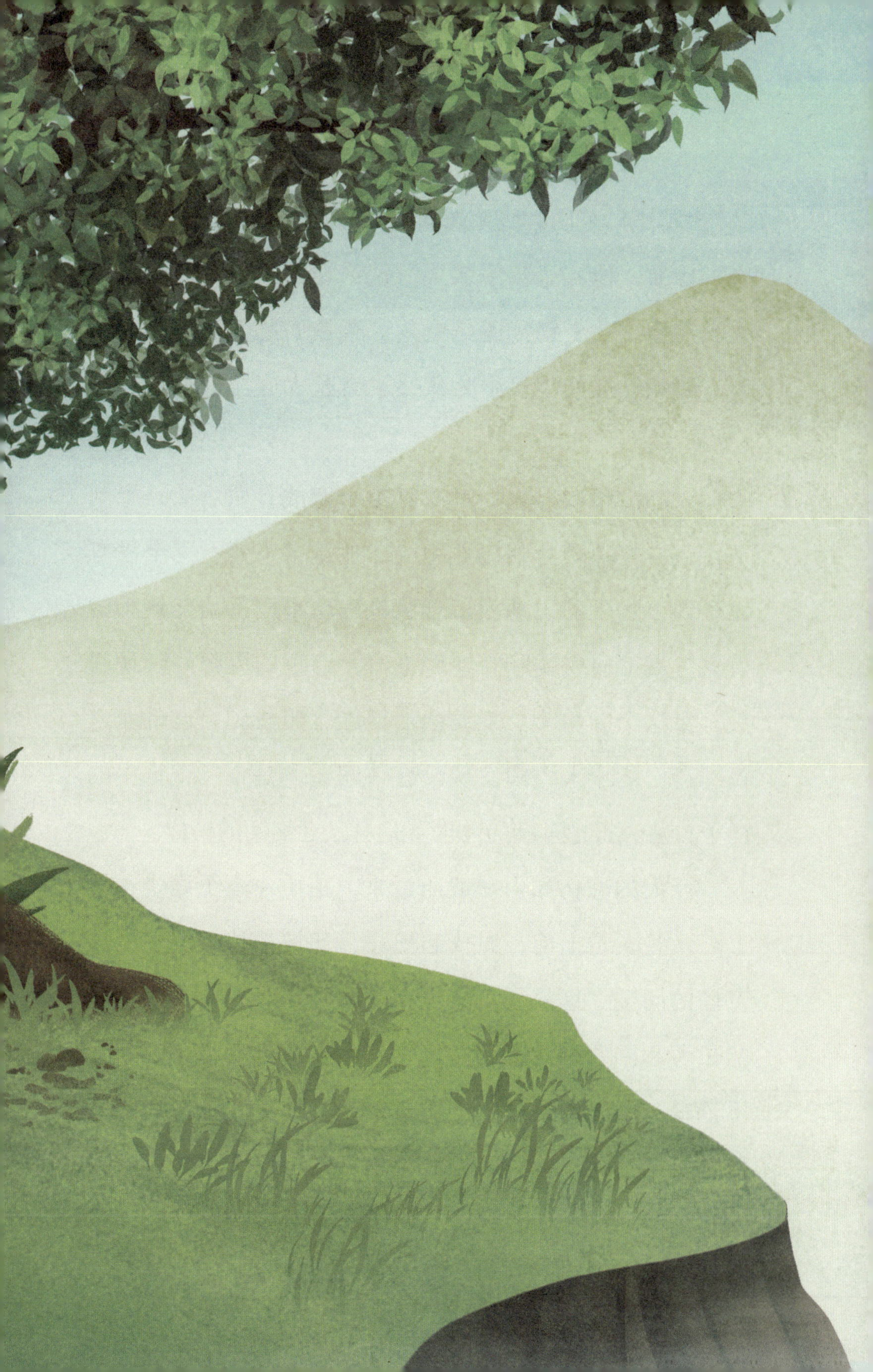

一瞬间,王质心底无端涌起一丝恐惧,也愈发疑惑了:这一首歌,他究竟听了多久?这一局棋,他究竟观了多久?十年?二十年?还是更久?若是如此,他为什么不饥不渴呢?那些小孩子为什么没有长大呢?这是一场梦吗?……

一阵冷风吹过来,王质打了个寒战,而后像是想到了什么,立即转身朝山下跑去。他跑得飞快,完全没有注意到山脚下的田地换了形状,房屋早已不是他熟悉的模样。当王质气喘吁吁地停下时,路过的人都好奇地回头打量这个陌生人。王质茫然四顾,想找到自己的家,找到自己的家人,却发现没有一间屋子是自己记忆中的样子,路旁打量自己的人也不是自己记忆中的模样。

巨大的悲伤如山一般压过来,王质一下子瘫坐在地上。一些人走上前,想扶起王质,却被他拉着问了一些奇怪的问题:这是哪里?现在是哪一年?王质说出同村的长者和同辈、父母的姓名,那些人都摇头说不认识、不记得……问到最后,王质也始终不愿意相信对自己关怀备至的家人、曾与自己说说笑笑的同辈都已经不在人世了。

不少古人认为王质在机缘巧合之下进入仙境,遇到了仙童。仙人长生,宇宙久存,时光流逝的速度好像也慢一些。相比之下,"仙界一日内,人间千载(一作"岁")穷",在现实人间里,年华易逝,人之寿数短暂如息,平白让人生出多少沧桑之叹,久久难以释怀。

唐朝诗人刘禹锡对此大约感触颇多。他被贬外放二十多年,昔日志同道合的"战友"零落天涯,有些甚至早已离世。二十多年间,他辗转荒凉闭塞之地,早不知朝堂时局变更了几轮。一朝被召,返程途中,刘禹锡或许想到朝中故人寥寥,一切早已物是人非,不经意间竟觉得自己仿佛那个下山回家的"烂柯人"。一句"到乡翻似烂柯人",不知道出了多少被深埋心底的迷惘与悲叹呢!

用典课堂

典故关键词

感时叹世　时光飞逝　世事变幻　人事变迁
物是人非

用典例句

◆ 相公摧展日，樵客**烂柯**年。

——唐◎王绩《围棋》

◆ 樵客返归路，**斧柯烂**从风。

——唐◎孟郊《烂柯石》

◆ 袖剑客同楼上醉，**烂柯人**看洞中棋。

——宋◎陆游《纵笔四首·其一》

◆ 多少睡乡闲日月，不老**柯山棋局**。

——宋◎方岳《酹江月·寿老父》

◆ 莫怪**逢仙柯已朽**。耽棋久。人间残局难丢手。

——明末清初◎王夫之《渔家傲·樵歌》

◆ 残局尚存柯未烂，欲随**王质**共**观棋**。

——清末民初◎丘逢甲《次韵再答晓沧二首·其一》

持节冯唐

持节云中,何日遣冯唐

典故档案

典源

是日令冯唐持节赦魏尚,复以为云中守,而拜唐为车骑都尉,主中尉及郡国车士。

——《史记·张释之冯唐列传》

西汉时期,魏尚任云中郡(古郡名,治所在今内蒙古自治区托克托县东北)太守,因误报杀敌人数,被削爵判刑。冯唐为人正直,认为魏尚军功卓著,受的惩罚太重了,后来在汉文帝面前为魏尚辩冤。汉文帝很高兴,当天就让冯唐带着符节去赦免魏尚,还让魏尚重新担任云中郡太守,又让冯唐担任车骑都尉,掌管中尉和各个郡国车战的士兵。

用法

①指代为受冤者辩白或举荐有才之士的人。
②婉转表达生不逢时,难遇伯乐,渴望被重用。

课本里的历史典故

故事乐园

　　西汉时期，冯唐以孝顺父母闻名乡里。他在汉文帝驾前做中郎署长。一次，汉文帝乘车经过冯唐任职的官署，发现冯唐岁数不小了，却还是中郎署长，便询问他："您这么大年纪了，怎么还在做郎官？家在哪儿？"冯唐恭敬地回答，说自己的祖父是赵国〔战国时期的赵国，国都在今河北省邯郸（hándān）市〕人，而父亲那一辈迁到了代国（楚汉时期的代国，国都在今河北省蔚县）居住。

　　汉文帝在继承皇位之前，就做过代王（西汉时期的代国，国都在今山西省平遥县西南）。汉文帝一时起了兴致，和他聊了起来。

　　"我在代地时，曾经听人说赵国将军李齐的贤能，也听人说过他参与巨鹿（古县名，治所在今河北省平乡县西南）之战的情景。我现在每次吃饭，都会想到当时的场景。老先生，您知道这个人吗？"

　　冯唐很快回答："他不如廉颇、李牧两位将军。"听冯唐这么回答，汉文帝觉得有点扫兴，又忍不住追问：

"您为什么这么说呢？"

冯唐想了想，诚实地说："我祖父在赵国时，曾经是百夫长，跟李牧的关系还不错；父亲做过代相，跟李齐相熟。所以，我知道他们是怎样的人。"

汉文帝顿时来了精神，听冯唐讲完廉颇和李牧的事迹后，兴奋又惋惜地拍着大腿说："哎呀！我偏偏得不到廉颇、李牧这样的将领。要是我能得到廉颇、李牧这样的大将，还用担心匈奴吗？"

冯唐听得直皱眉头，愣头愣脑地顶撞回去："陛下……您就算得到了廉颇、李牧，也不会重用他们的！"汉文帝不由得怒火中烧，觉得冯唐是在讥讽自己是个昏君，不配得到贤臣良将，便愤然起身，抛下冯唐，立刻回宫去了。

过了好久，汉文帝又召见冯唐，大声责问他："你为什么当众羞辱我？如果对我不满，难道不能私下告诉我吗？"冯唐这才知道自己得罪了皇帝，连忙谢罪道："陛下，我是个粗鄙之人，说话口无遮拦，不知道这些忌讳。还请您责罚！"

汉文帝当时正在忧心匈奴进犯的事情，于是问冯唐为何说他不会重用廉颇、李牧这样的将才。冯唐沉默了一会儿，缓缓说道：

"我听说很久以前，君王派将领出征，要跪下推车，对将领说，国内的事务交由国君处理，战场上的事情由将军统管决策，等回到朝廷再上报。这不是虚假的传言。我祖父曾说，李牧在赵国边境统领军队时，会将征收到的赋税全部用来犒（kào）赏士兵，国君从不干涉。国君如此信任李牧，李牧自然也会拼死报效国君，充分发挥自己的才干，所以能够抗匈奴，破东胡，灭澹（dàn）林，抵挡西边强大的秦国，还能与南边的韩、魏两国相抗。那个时候，赵国几乎称霸中原。后来，新王继位，他听信谗言杀了李牧，最终国破被俘。

"而今，我听闻云中郡太守魏尚用税金犒劳军士，还拿出自己的钱财买美味的食物，宴请他们，因此军士们忠心报国，士气大振。匈奴人入侵，魏尚带领他们奋勇杀敌，匈奴根本没讨到半点好处，之后也不敢再攻打他们了。那些士兵大多出身乡野，只知道努力杀敌，没读过什么书，也不太懂军中法令的细节。仅仅因为一些话前后不相符，司法官就严格惩罚他们。可能他们没得到拼死杀敌换来的赏赐，反而被严惩了。我是个蠢笨的人，私下认为陛下您的法令太严，奖赏很轻，惩罚很重。更何况，魏尚误报军功，实际斩杀的敌人比上报的少了六个，因而被罚。您剥夺了他的爵位，惩罚他去服劳役。您这样行事，能容得下廉颇、李牧吗？我的确愚蠢，犯了忌讳，该当死罪！"

汉文帝听完冯唐这番肺腑（fèifǔ）之言，恍然大悟，十分高兴。他当天就让冯唐带着符节去赦免魏尚，让魏尚官复原职。此外，汉文帝还让冯唐担任车骑都尉，掌管中尉和各个郡国的车战部队。

汉文帝去世后，汉景帝继位。汉景帝让冯唐担任楚国的国相，后来罢免了他。再后来，汉景帝去世，汉武帝继位，广招贤才。有人推荐冯唐，可是冯唐当时已经九十多岁了，难以再被任用。因此，后世之人提到冯唐，常常会感叹生不逢时或不得重用。唐初的王勃就在千古名篇《滕王阁序》中发过"冯唐易老，李广难封"的感叹！

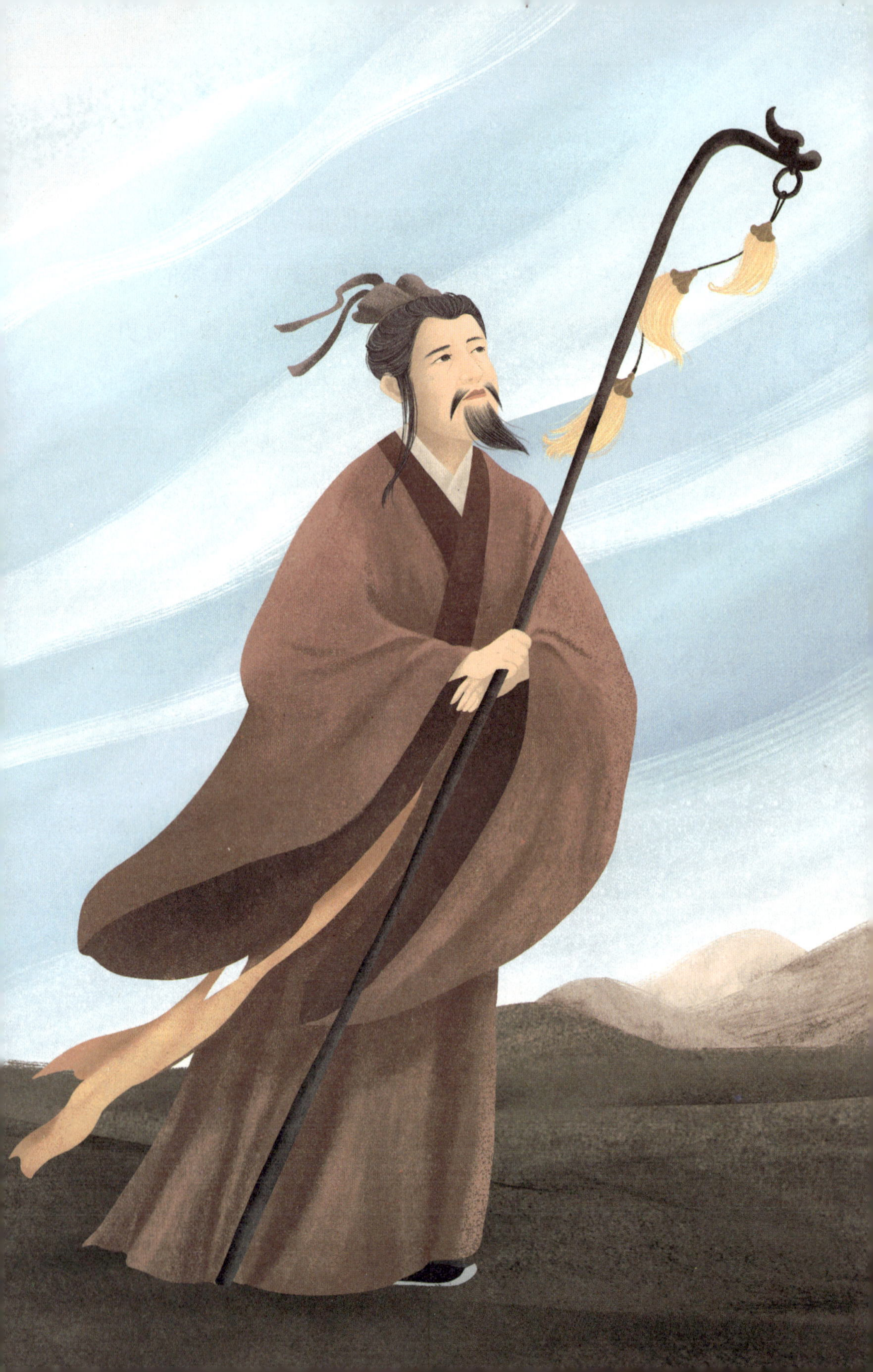

抒情

相比之下，魏尚是幸运的，因为耿直刚正的冯唐为他在汉文帝面前辩白。光这一点，就让许多蒙冤受屈或不得重用的有才之士羡慕不已了。北宋词人苏轼就曾在《江城子·密州出猎》中自比魏尚，希望朝廷早日派来持节的"冯唐"，重用自己：

老夫聊发少年狂，左牵黄，右擎（qíng）苍，锦帽貂裘（diāoqiú），千骑卷平冈。为报倾城随太守，亲射虎，看孙郎。

酒酣（hān）胸胆尚开张。鬓微霜，又何妨！持节云中，何日遣冯唐？会挽雕弓如满月，西北望，射天狼。

宋神宗熙宁八年（公元1075年），苏轼年近四十，任密州（今山东省诸城市）知州。这一年冬天，他和同僚出城打猎。苏轼头戴锦帽，身穿貂鼠皮衣，左手牵着黄犬，右臂托着苍鹰，带着众多随从，浩浩荡荡，腾越千里，席卷山野。苏轼兴致高昂，还让人告知全城百姓随自己出猎。他决定效仿三国时期的英雄孙权，骑马射虎，尽展少年狂气。

驰骋猎场，烈酒下肚，本就旷达的苏轼更觉得心宽胸阔，豪情满腔。他知道自己年纪大了，两鬓已经微白，但这又算什么呢？当年，冯唐为云中郡守魏尚在汉文帝面前刚正直言，汉文帝便派冯唐持节去赦免魏尚，还让魏尚官复原职。苏轼想：朝廷何时能派遣"冯唐"来密州，派我到西北边疆呢？届时我一定会拼尽全力，拉满弓箭，直直射向西夏敌军！

在古人眼中，天狼星与"侵掠"相关。苏轼用"天狼星"比喻时常进攻大宋西北边境的西夏军队。他在猎场中小试身手，因而踌躇满志，自然而然地期望上战场，退边敌，定国安邦，成就一番功业。

这首词写得豪情万丈，狂气逼人，是苏轼豪放词的代表作之一。但他最终并没有真的上战场，一直在宦海中起起伏伏。或许他也曾因不得重用而苦恼或郁闷，但外放与贬谪没有打倒他。无论到何地，他总是尽可能地发挥自己的才干，为当地百姓谋福祉，办实事。这又何尝不是"少年狂"呢？

用典课堂

典故关键词

感时叹世　生不逢时　怀才不遇　不得重用
仗义执言　举荐贤才

用典例句

◆ 嗟乎！时运不齐，命途多舛。**冯唐易老**，李广难封。
　　　　　　　　　　　　——唐◎王勃《滕王阁序》

◆ 谢朓每篇堪讽诵，**冯唐已老**听吹嘘。
　　　　　　　　　　　　——唐◎杜甫《寄岑嘉州》

◆ 天子好年少，无人**荐冯唐**。
　　　　　　　　　　　　——唐◎曹邺《捕渔谣》

◆ 劳军细柳尊亚夫，**持节云中赦魏尚**。
　　　　　　　　　　——宋◎宋祁《拟东武曲二首·其一》

◆ 问**持节冯唐**几时来，看再策勋名，印窠如斗。
　　　　　　　　——宋◎黄庭坚《洞仙歌·泸守王补之生日》

◆ 漫说**汉庭思李牧**，未闻郎署**遣冯唐**。
　　　　　　　　　　　——明初◎刘基《感兴七首·其六》

唱黄鸡

休将白发唱黄鸡

典故档案

典源

罢胡琴,掩秦瑟,玲珑再拜歌初毕。谁道使君不解歌,听唱黄鸡与白日。黄鸡催晓丑时鸣,白日催年酉(yǒu)前没。

——《醉歌示伎人商玲珑》

商玲珑是当时著名的歌女,唱歌非常好听,还擅长弹奏箜篌。一次,商玲珑唱完歌,行了两次礼。白居易还沉醉其中,恍惚感受到黄鸡报晓,太阳西沉,飞逝的时光仿佛将美人催老了。

用法

抒发时光易逝、再难回头的感慨。

抒情

故事乐园

元和十年（公元815年），唐朝诗人白居易因得罪权贵，被贬为江州司马。这一次贬谪，让一心为民请命、报效君王的白居易心灰意冷。他经历了壮志难酬的悲伤苦闷，又体味过际遇难料的无奈悲哀，更生出过年岁已去、前路茫茫的怅惘忧愁。

数年后，白居易被召回京。他向皇帝进言军事，最终未被采纳。白居易也不执着，自请外放，担任杭州刺史。白居易到杭州后，筑堤治湖，疏浚古井，帮助当地百姓解决饮水、灌溉问题。闲暇（xiá）之余，他常和友人去听歌女商玲珑唱歌。商玲珑唱歌非常好听，还擅长弹奏箜篌，闻名一时。

一次，商玲珑唱完歌，郑重地向酒兴正酣的众人行了两次礼，演奏琴瑟等乐器的人纷纷停止动作。余音绕梁，众人仿佛还沉浸在方才悠扬空灵的歌声中，一时间四下寂然。过了一会儿，白居易终于缓过神来，再度回想，不由得会心一笑，文思泉涌，写下了一首《醉歌示伎人

课本里的历史典故

商玲珑》:

罢胡琴,掩秦瑟,玲珑再拜歌初毕。
谁道使君不解歌,听唱黄鸡与白日。
黄鸡催晓丑时鸣,白日催年酉前没。
腰间红绶(shòu)系未稳,镜里朱颜看已失。
玲珑玲珑奈老何?使君歌了汝更歌。

是谁说我白居易听不懂这首歌呀?我从中可是听到了黄鸡与白日。那黄鸡往往凌晨便鸣叫,似乎急吼吼地催着旭日东升,天光破晓;太阳被催着升起,又总是急匆匆地在傍晚落下,它也仿佛催着时光年复一年地飞速流逝。人也仿佛被这黄鸡与白日催老了,明明腰间的红色绶带都还没系好呢,一抬头望向镜中,竟然发现容颜已经衰老了。

玲珑啊，玲珑啊，你也会随着时光慢慢老去，这是无可奈何的事情。还是让我唱完这一曲，你再继续唱吧！

细细品味字里行间的无奈与黯然，白居易真的仅仅只是在感叹红颜易老、流光飞逝吗？或许也不尽然，自屈原起，文人喜欢在诗文中自比美人。说美人迟暮，大多是在说有才之士不得君王重用，只能白白蹉跎光阴。

白居易赴杭州上任时，已是知命之年。白居易深切地感受到自己人微言轻，势单力薄，实在难以撼动当时宦官专权、藩镇割据、民生艰难的现实。他能做的，大约就是在其位，谋其政，尽心竭力改善民生，将那些受苦受难的百姓写进诗文中，记录黑暗现实的一角吧。

黄鸡催着白日，白日催着流年。就这样催呀催，流光送走了大唐，迎来了北宋，北宋文坛又迎来了乐观豁达的苏轼。苏轼并没有因年华易逝而过度感伤，还反用"唱黄鸡"这一典故，劝诫世人切莫因年华老去而自伤，而应当振奋精神，老当益壮：

> 山下兰芽短浸溪，松间沙路净无泥。萧萧暮雨子规啼。
> 谁道人生无再少？门前流水尚能西！休将白发唱黄鸡。

元丰五年（公元1082年）三月，苏轼与替他看病的医生庞安常在黄州蕲（qí）水〔在今湖北省黄冈市浠（xī）水县一带〕同游清泉寺。苏轼发现那里的兰溪由东向西流，不由得感到惊奇。

我国地势西高东低，因而大多数河流都发源于西部，由西向东流，古人就常用"东流水"比喻时间流逝。由东向西流的河水不多，苏轼在游玩时无意间发现了这条河，感慨一番，写下了这首《浣溪沙》。

暮春三月，绿染山川，兰草的新芽浸润在清澈的兰溪中。苏轼与庞安常行走在松林间，脚下的沙路被细雨洗刷得一尘不染，不远处时不时传来杜鹃鸟的叫声。这一派清新幽雅的春日风光，让苏轼舒畅不已。

好景常有，而赏景的好心情却不常有。苏轼能在雨中放松身心，赏景游玩，可见已经走出了被冤、被贬的至暗时刻。公元 1079 年，苏轼遭小人诬陷，说他在诗文中讥讽朝廷，因而被押到御史台受审，关了一百多天，史称"乌台诗案"（因御史台种着柏树，常有乌鸦栖息在柏树上，所以也被称为"乌台"）。很多人纷纷上书，为苏轼求情。最终，苏轼免于一死，被贬为黄州团练副使。

黄州团练副使是一个极其低微的官职，并无实权，还要被监督。从年少登科的天之骄子到"怀罪"之人，可想而知他该有多么痛苦。幸好，苏轼是乐观旷达的人，他被苦痛淬（cuì）炼着，也在苦痛中超越了以往的自己：无钱生活，就自己开荒种地，躬耕东坡，沾满人间烟火；无施展之处，就尽情畅游山水，寄情自然，治愈满心创伤。山长水阔，天高地远，日月悠长，苏轼总能达观而平和地行走在这个既美丽又丑陋的世界中。

旷达平和的苏轼看到由东向西流的兰溪，惊奇之余忽然想到：既然水都可以向西流，那为何人不能再如年少时那样意气风发呢？飞逝的年华能让身体衰老，难道人的精神也要跟着衰颓吗？可别一味感叹时间消逝、年华老去啦！如果老当益壮，自强不息，何愁不能容光焕发呢？

也是这一年三月,苏轼与友人行走途中,突遇大雨。没承想有人带雨具先走了,同行的人都被淋得狼狈极了。唯独苏轼丝毫不觉得狼狈,坦然地行在雨中高声吟咏。没一会儿,雨霁天晴,那首安抚了无数失意迷茫之人的神作——《定风波》——诞生了:

莫听穿林打叶声,何妨吟啸且徐行。竹杖芒鞋轻胜马,谁怕?一蓑烟雨任平生。 料峭(qiào)春风吹酒醒,微冷,山头斜照却相迎。回首向来萧瑟处,归去,也无风雨也无晴。

"一蓑烟雨任平生",如此潇洒,如此从容,如此坚韧,方能如此豪迈,如此任性。也只有这样的苏轼,才会从人生的风雨、平凡的景致中悟出深邃如海的人生哲理,用妙笔创造出令无数后人叹服的金句了吧!

用典课堂

典故关键词

感时叹世　时光飞逝　年华老去　美人迟暮
珍惜时光

用典例句

- 试呼白发感秋人，令唱**黄鸡催晓**曲。
  ——宋◎苏轼《与临安令宗人同年剧饮》

- **黄鸡晓唱**玲珑曲。人生两鬓无重绿。官柳系行舟。相思独倚楼。
  ——宋◎方千里《菩萨蛮》

- 白雪阳春，**黄鸡唱日**，绝少澄心纸。
  ——宋◎刘辰翁《念奴娇·和朦山用槐城韵见寿》

- 世上**黄鸡白日**，门外红尘野马，役役付儿痴。
  ——元◎周权《水调歌头》

- 琵琶错落亭中雨，没个忘情地。三台催得**唱黄鸡**，遥想插花马背踏春泥。
  ——清◎曹溶《虞美人·陈路若窘轩酒坐》

- **黄鸡**才**晓唱**，白驹又飞斜。
  ——清◎韩菼《和东坡馈岁别岁守岁诗三首·其三》

彭殇

固知一死生为虚诞，齐彭殇为妄作

典故档案

典源

天下莫大于秋毫之末，而泰山为小；莫寿乎殇（shāng）子，而彭祖为夭（yāo）。

——《庄子·齐物论》

彭祖是传说中的长寿之人，善于养生。殇子是还没有成年就去世的孩童。庄子认为，事物的大小、多少、长短不是绝对的，普天之下没有比秋天毫毛末端更大的事物了，泰山却很小；普天之下也没有比夭折的孩童更长寿的，彭祖却不长命。这听起来与我们的认识是不符的，庄子说这句话，是为了表达自己的哲学观点——人的寿命长短是相对而言的，没有绝对的长寿与短命；推而广之，事物的大小、多少等也是如此。认识事物时，可以从更宽广的视野看，不应当局限于自己的认知。

用法

指人的寿命长短。

故事乐园

关于彭祖的传说，古代典籍中的记载并不多。《庄子·逍遥游》中有"而彭祖乃今以久特闻，众人匹之，不亦悲乎"，彭祖至今都以长寿闻名于世，很多人都要和他比寿命长短，岂不是可悲可叹吗？由此可见，在庄子生活的战国时期，彭祖长寿的传说就已经广为流传了。

传说彭祖姓篯（jiān），名铿（kēng），是上古帝王颛顼（zhuānxū）的玄孙，做过商朝的大夫。他从夏朝活到了商朝末年，享寿八百多岁（一说七百多岁）。他年少时喜欢静处，对名誉、地位、权势等这类不少人趋之若鹜（wù）的东西都不感兴趣，只关注修道养生。他经常吃灵芝之类的仙草良药，又擅长修身练气。

人活八百多岁，自然有古人虚构和夸张的成分。就是医学发达的当下，这也难以实现，更何况是人均寿命不长的古代呢？唐朝诗人杜甫曾写过"酒债寻常行处有，人生七十古来稀"，可见在古代，人能活到七十以上，已经算得上少见了。

因而，古人常常在诗文中感慨人生苦短、流光飞逝，比如"人生天地之间，若白驹（jū）之过隙（xì），忽然而已""生年不满百，常怀千岁忧""来日苦短，去日苦长""寄蜉蝣（fúyóu）于天地，渺沧海之一粟（sù）。哀吾生之须臾（yú），羡长江之无穷"……

一些渴望长寿的古人纷纷效仿彭祖，钻研养生之道。到了魏晋南北朝，社会动荡不安，人们在战火中颠沛流离，死伤众多。整个社会似乎都弥漫着悲伤的气息，对生死之事的思考非常多。不少文人名士痛心于黑暗的现实，研究玄学，醉心清谈，关注养生，游山玩水，在大自然中安放自己彷徨无措的心灵。

东晋穆帝永和九年（公元353年）三月初三，正值暮春，天气晴朗，风光正好。当时的名士王羲之、谢安、孙绰等人在会稽（kuàijī）山阴（在今浙江省绍兴市）的兰亭聚会、修禊（xì），行曲水流觞（shāng）、畅谈赋诗

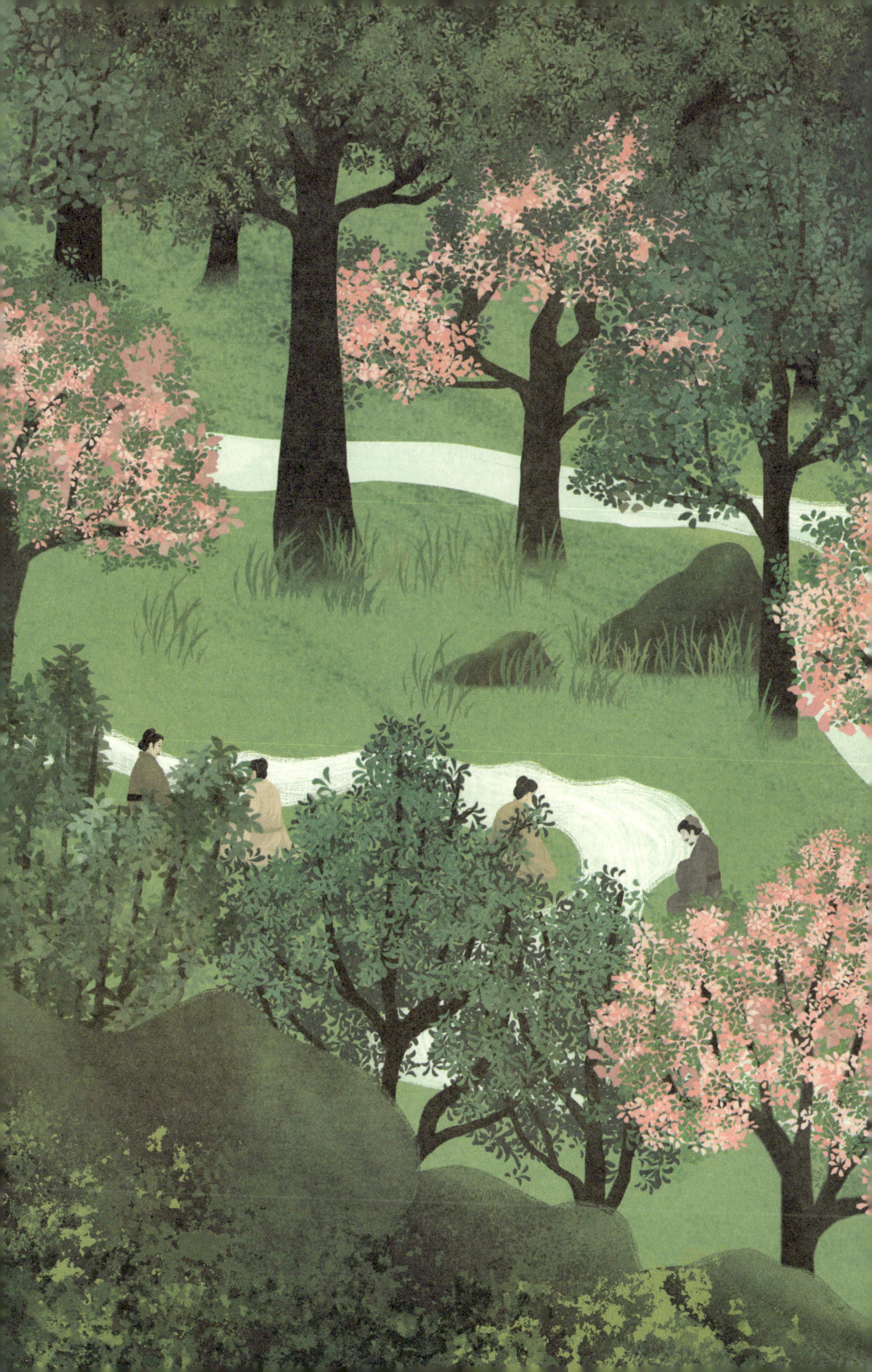

的雅事。

修禊是当时的民俗，在三月初三这一天，人们到水边游玩，用流动的水洗濯（zhuó）身体，以此祓（fú）除不祥与灾祸。曲水流觞，则是在溪流上游放置装好酒的酒杯，酒杯顺溪水漂流而下，当酒杯漂到列坐在溪流两边的名士前时，名士们便可拿起酒杯，一饮而尽。

兰亭周围远山环绕，附近山林茂密，竹林青翠。这些名士放松身心，赏景，饮酒，随意闲聊，兴之所至就开始赋诗，吟咏再三，彼此切磋。渐渐地，诗越作越多，他们就让人抄录下来，结集成册，并由王羲之作序。序是一种文体，通常放在正文之前，介绍一本书的创作缘起、创作过程，简要地介绍内容，等等。

王羲之才华横溢，擅长书法，围绕这场集会与诗词，写下了传诵至今的名篇《兰亭集序》。在《兰亭集序》中，他先简略地介绍了兰亭集会的时间、地点和人物，而后笔锋一转，由景抒情，开始思考短暂与长久、悲伤与欢乐、生与死这一类的哲学问题。

在王羲之看来，人这一生就在"俯仰"之间，很快就过去了。人与人的性情、喜好虽各有不同，但都会因喜好的事物而欢喜。等到厌倦先前喜好的事物的时候，心情也会随之发生变化，因而生出无限感慨。人对事物的喜好都无法长久，更何况寿命长短得听凭天命造化，人也终将一死，消亡于天地之间。怪不得古人都认为生与死乃是大事呢！如此想来，人怎么会不悲痛呢？

想到这里，王羲之忽然生发出这样的感叹：

每览昔人兴感之由，若合一契，未尝不临文嗟悼，不能喻之于怀。固知一死生为虚诞，齐彭殇为妄作。后之视今，亦犹今之视昔，悲夫（fú）！故列叙时人，录其所述，虽世殊事异，所以兴怀，其致一也。后之览者，亦将有感于斯文。

每当王羲之发现前人抒发生死、悲欢之感怀的原因与自己的契合时，他都会对着他们的诗文嗟叹不已，思绪万千，可又无法言明这些情绪。他认为庄子将生与死等同起来的说法是不真实的，将长寿与短命等同起来的说法也是虚妄之谈。后世之人看待如今的人，正如如今的人看待以前的人一样。可悲呀！

魏晋南北朝的文人大多热衷道家学说，推崇老子与庄子，向往隐逸与超尘世外，王羲之也不例外。不过，王羲之写"固知一死生为虚诞，齐彭殇为妄作"，从某种程度上来说，其实是不认同庄子"莫寿乎殇子，而彭祖为夭"的看法。

庄子忽略了特定关系中区分的绝对性，仅比较彭祖与殇子的话，显而易见，彭祖的寿命不知长过殇子的多少倍，所以怎么可能"齐彭殇"呢？王羲之认识到了这一点，才连连悲痛：人生天地间，寿数有定，终归一死。

意识到生命短暂而看重生命，魏晋南北朝时期的人们开始觉醒了。正因为明白人生苦短不可避免，所以王羲之选择不逃避，珍惜每一份快乐，比如和大家在兰亭集会，一一记下参与兰亭集会的人，抄录他们的诗篇；正因为明白一切悲欢都会消逝，所以王羲之没有过度沉湎于欢乐或苦痛，而是细细思索，细细审视，比如追索生死，思考悲欢……

王羲之深切地知道后世之中一定会有人懂这些快乐，与他共情，与他的同辈共情。因为纵然变了时代，事物也有所不同，但能触发人们感怀的原因是一样的。的确，千百年之后，我们依然可以从他质朴纯真的文字中，遥想那天的蓝天、微风、青山、翠竹、清流，遥想那天文人名士恣（zì）意饮酒，高声赋诗，遥想他们惬意而歌，欢喜地望向那条载着美酒的溪流。那条溪流，载着他们的欢戚与凝思，永不停息地流向不同时空里每一个低头凝望它的人。

用典课堂

典故关键词

追索生死　寿命长短　相对　短暂与永久

用典例句

◆ 天容自永固，**彭殇**非等伦。

——东晋◎陶渊明《述酒》

◆ 生同胥靡遗，寿等**彭铿**夭。

——唐◎柳宗元《与崔策登西山》

◆ 安问远与近，何言**殇**与**彭**。

——唐◎元稹《思归乐》

◆ **彭翁老寿**终遗骨，燕子飞来只故楼。

——宋◎陈师道《送晁尧民守徐》

◆ 更**殇乐长年老彭悲**。火鼠论寒，冰蚕语热，定谁同异。

——宋◎辛弃疾《哨遍·秋水观》

◆ 谁谓**殇子夭**，彭咸为寿。

——清◎黄景仁《对酒歌·其二》

典故小彩蛋

书签	出处	年级	关联	出处	年级
寸草春晖	游子吟	五年级	莫逆之交	庄子	课外
山阳邻笛	晋书	九年级	冰心玉壶	代白头吟	四年级
西窗剪烛	夜雨寄北	七年级	牛郎织女	民间故事	五年级
望夫石	太平御览	高中必修	破镜重圆	本事诗	高中必修
折柳	汉代乐府曲名《折杨柳》	七年级	阳关三叠	送元二使安西	六年级
春风得意	登科后	六年级	望帝啼鹃	蜀王本纪	高中选修
南冠楚囚	左传	九年级	黍离之悲	毛诗序	高中选修
尼父叹逝川	论语	七年级	庄周梦蝶	庄子	高中选修
烂柯人	述异记	九年级	持节冯唐	史记	九年级
唱黄鸡	醉歌示伎人商玲珑	六年级	彭殇	庄子	高中选修